JN419545

스피노자의 에티카: 세계

스피노자의 에티카: 세계

김명석 지음

필로스

한평생 온몸과 온마음을 바쳐

예수가 꿈꾸던 작은 코뮌을

이 고려반도에 꾸리고 가꾸었던

박성준 선생께 이 책을 바칩니다.

머리말

스피노자[1632-1677]의 『에티카』[1677]는 '정의'와 '공리'를 전제로 삼고 이들로부터 '정리'를 결론으로 추론합니다. 정의, 공리, 정리는 하나의 체계를 이루는데 오늘날 이를 "연역 체계" 또는 "공리 체계"라 합니다. 그는 자신의 윤리학 체계가 "기하학의 순서로 증명된 윤리학"이라며 이를 자신의 책 제목으로 삼았습니다. 여기서 "기하학의 순서"는 아주 옛날 유클리드[에우클레이데스]의 『원론』[스토이케이아]이 따랐던 순서를 말합니다. 이는 스피노자가 유클리드의 기하학에 담긴 수학 내용을 빌렸다는 뜻이 아니고 정의와 공리로부터 정리를 추론하는 유클리드 기하학의 방식을 본받았다는 뜻입니다.

스피노자는 『에티카』를 처음에 "나의 철학", "우리 철학", "철학" 따위로 불렀습니다. 그는 1675년 무렵 이 책을 거의 끝마쳤지만 출판을 방해받았고 그가 죽은 뒤 겨우 출판되었습니다. 『에티카』는 모두 다섯 부로 이루어졌는데 제1부는 실체는 하느님이자 자연이며 하나밖에 없음을 밝힙니다. 제2부와 제3부는 마음과 느낌[정서]이 각각 무엇이며 각각 어디에서 비롯되었는지를 이야기합니다. 제4부는 느낌의 힘을 밝히고 사람이 이에 얽매였음을 드러냅니다. 제5부는 지성의 힘을 밝히고 이 힘으로 사람이 얽매임에서 풀려날 수 있음을 이야기합니다.

제4부와 제5부를 이해하려면 제2부와 제3부를 이해해야 합니다. 제2부와 제3부를 이해하려면 제1부를 이해해야 합니다. 나의 이 책은 『에티카』 제1부를 해설합니다. 제1부에서 가장 중요한 개념은 '실체', '모습'[양태], '속모습'[속성], '하느님'입니다. 스피노자는 실체 개념으로부터 실체가 오직 하나밖에 없으며 다른 것의 제한받지 않고 무한함을 증명합니다. 이 하나밖에 없고 끝없는 실체를 우리는 보통 "세계", "우주", "자연"이라 부르거나 "하나님", "하느님", "신"으로 부릅니다. 제1부의 주제는 "세계"이기에 나의 책 제목을 『스피노자의 에티카: 세계』로 잡았습니다.

가르침과 배움은 하나의 공동 작업입니다. 내가 이 책을 쓰는 동안 유영훈은 제자로서 가르침을 받았습니다. 이 책을 쓰는 나는 『에티카』의 라틴말 원문을 읽을 능력이 없습니다. 다만 『에티카』의 국역본과 영역본을 참조했는데 주로 참고한 번역본은

- 강영계 옮김, 『에티카』, 서광사 2007.
- M. Silverthorne & M. Kisner 옮김, *Ethics: Proved in Geometrical Order*, Cambridge University Press 2018

입니다. 함께 참조한 번역본은

- 조현진 옮김, 『에티카』, 책세상 2006.
- J. Bennett 옮김, *Ethics Demonstrated in Geometrical Order*, at earlymoderntexts.com
- E. Curley 옮김, *The Collected Works of Spinoza Volume 1*, Princeton University Press 1985.
- G. Eliot 옮김, *Spinoza's Ethics*, edited by C. Carlisle, Princeton University Press 2020.
- G. Parkinson 옮김, *Ethics*, Oxford University Press 2000.

◦ S. Shirley 옮김, *Spinoza: Complete Works*, Hackett 2002

입니다. 이들의 번역이 없었다면 이 책을 쓸 수 없었기에 이 분들께 고맙습니다.

스피노자의 문장을 옮길 때는 국역과 다른 영역을 참조하여 주로 실버쏜과 키스너의 영역을 우리말로 중역했습니다. 그밖에 이 책을 쓰는 데 참고한 주석서와 논문은 책 끝에 나오는 「참고문헌」에 담았습니다. 라틴 낱말 및 다른 나라 낱말의 뜻과 말샘[어원]은 위키사전을 참조했습니다. 우리나라 낱말의 뜻과 말샘은 국립국어원의 우리말샘을 참조했습니다. "토막나다"나 "테두리짓다"처럼 몇몇 낱말은 현재의 우리말 띄어쓰기 원칙을 어겼습니다.

차례

01.

실체와 모습

있는 모든 것은 제 안에 있거나 다른 것 안에 있다. 다른 것을 거쳐 개념화될 수 없는 것은 저 자신을 거쳐 개념화되어야 한다. 실체는 제 안에 있는 것이며, 저 자신을 거쳐 개념화되는 것 곧 그 개념이 맺히는 데 다른 것의 개념이 필요하지 않은 것이다. 모습은 실체의 바꿈인데 다른 것 안에 있는 것이며 그 다른 것을 거쳐 그것이 개념화된다.

이론은 명제들로 이루어지고 명제는 개념들로 이루어진다. 인식의 순서에서 가장 먼저 오는 항목은 이론인가 명제인가 개념인가? 언어철학이 충분히 성찰되지 않았을 때 그 답은 당연히 개념, 관념, 명사, 용어, 낱말이었다. 이론을 짜는 이는 바탕 개념, 관념, 명사, 용어, 낱말을 찾고 이들을 이어 문장, 진술, 명제, 논제, 주장을 얻고 그다음 이들을 엮어 이론을 짠다. 언어철학의 반성과 성찰이 어느 정도 이루어진 오늘날 관점에서 이론은 개념들의 벽돌로 차근차근 쌓이지는 않는다. 전체 이론은 마치 하나의 그림처럼 서서히 생기며 처음에 어렴풋하게 시작해 차츰 또렷해진다. 전체 이론의 배경이 없다면 바탕 개념들이 떠오르지 않으며 이들을 헤아릴 길이 없다.

0101. 바탕 개념과 뜻매김

이론가는 일군의 명제를 이론의 가장 한가운데 놓는다. 과학철학자 러커토시 임레1922-1974의 표현을 빌리면 그것은 이론의 "고갱이"중핵다. 오늘날 몇몇 과학자는 이를 때때로 "중심교의"센트럴 도그마라 한다. 글을 쓸 때 우리는 다른 모든 문장을 고치거나 버릴 수 있지만 몇몇 문장은 버리지 않고 고치지도 않는다. 이론을 만드는 이는 결코 버릴 수 없고 고칠 수 없는 일군의 명제를 품어야 한다. 그것은 자기 이론의 고갱이며 중심 교의다. 이론의 고갱이는 이론의 나머지 명제를 비추는 불빛이며 거울이다. 이론의 고갱이에 나오는 개념은 이론을 이루는 바탕 개념이다.

스피노자는 『에티카』에서 바탕 개념부터 하나하나 자기 이론을 세우는 모양새를 취한다. 하지만 실제 저술 작업에서 그는 바탕 개념을 먼저 얻은 뒤 이로부터 자기 이론을 차근차근 짜지는 않았다. 그는 오랜 시간 성찰하고 다듬고 고쳐 우리 앞에 『에티카』를 내놓았다. 그에게 차츰 몇몇 교의가 그의 지성 중심에 자리 잡았고 그것은 자기 이론의 고갱이가 되었다. 그의 마음을 헤아리고픈 우리는 바탕부터 차근차근 하나하나 또렷하게 그의 이론을 헤아릴 수 없다. 다만 그의 이론을 철학사 안에 두고 그 역사에 비추어 차츰 이해할 수밖에 없다. 우리는 다른 철학자의 이론에 나타난 개념에 비추어 스피노자의 개념을 차츰 더듬어야 한다.

우리는 스피노자 이론의 고갱이를 빨리 만나고 싶다. 그 가운데 하나는 이렇다.

전체 세계만이 실체고 그것은 끝없는 힘을 가진 하느

님이며 우리에게 일어나는 모든 일은 그의 모습이다.

이 고갱이에 나타나는 개념 '실체', '하느님', '모습'은 그 이론의 바탕 개념이다. 그의 이론을 더듬는 첫 만남은 그의 실체 개념과 모습 개념을 이야기하는 일이다. 물론 스피노자는 자기 이론의 고갱이를 무작정 내세우지 않았다. 그는 자신의 '실체', '하느님', '모습' 개념을 사람들이 널리 받아들일 만하도록 애써 다듬었다. 헤아릴 만큼 헤아린다면 누구나 자신의 개념이 받아들일 만하다고 그는 생각한다. 그는 자신의 개념을 "뜻매김"정의으로 제안한다.

스피노자는 실체와 모습을 각각 다음처럼 뜻매김한다.

- **정의 103: 실체본바탕는 제 안에 있는 것이며, 저 자신을 거쳐 개념화되는 것 곧 그 개념이 맺히는 데 다른 것의 개념이 필요하지 않은 것이다.**
- **정의 105: 모습양태은 실체의 바꿈변용인데 다른 것 안에 있는 것이며 그 다른 것을 거쳐 그것이 개념화된다.**

스피노자는 개념 X를 뜻매김하면서 "나는 X를 Y로 이해한다", "내가 이해하기로 X는 Y다", "나에게 X는 Y를 뜻한다"

꼴로 표현한다. 나는 이를 그냥 "X는 Y다" 꼴로 썼다. "정의 I03"은 『에티카』 제1부의 셋째 정의를 말하며 "정의 I05"는 제1부의 다섯째 정의를 말한다.

0102. 실체

내가 "실체"로 옮긴 라틴말은 "수브스탄티아"며 영어에서 "서브스턴스"[substance]에 해당한다. 이는 '아래에 놓인 것'을 뜻하며 터박이말로는 "본바탕"이나 "밑바탕"으로 옮길 수 있다. 스피노자의 개념은 대체로 데카르트[1596-1650]의 개념을 빌렸다. 데카르트의 개념은 고대와 중세 철학에서 비롯되었다. 아리스토텔레스[BCE384-322]와 데카르트는 실체를 각각 다음처럼 뜻매김한다.

- 아리스토텔레스의 『형이상학』 제7권: "그것에 대해 다른 것이 서술되지만 그 자신은 다른 것을 서술하지 않는 것"
- 데카르트의 『철학 원리』 제1부 52절: "그 현존이 다른 것에 기대지[의존하지] 않은 방식으로 현존하는[바깥에 있는] 것"

"현존"은 조금 어려운 낱말인데 '마음이나 생각 바깥에 있음'을 뜻한다. 가능성으로 있을 때도 보통 "있다"고 말하고 수나 집합처럼 우리 지성 안에 있을 때도 "있다"고 말한다. 그냥 가능성에 그치지 않고 실제로 실현되거나 마음이나 생각 바깥에 있을 때 "실존한다" 또는 "현존한다"고 한다. 이 낱말은 영어로 "이그지스트"exist인데 말샘어원 그대로 풀면 '바깥에 있다'를 뜻한다.

아리스토텔레스는 실체를 '으뜸 실체'와 '버금 실체'로 나눈다. 그에 따르면 개별 사물은 으뜸 실체고 사물의 모임이나 갈래는 버금 실체다. 보기를 들어 개별 사람 고민시는 으뜸 실체고 사람, 짐승, 생물 따위는 버금 실체다. 『형이상학』 제7권에 나오는 실체의 뜻매김에 맞는 실체는 으뜸 실체다. 우리는 고민시에게 풀이말술어 "는 배우다"를 써서 서술할 수 있다. 하지만 우리는 고민시와 다른 것에게 풀이말 "는 고민시다"를 써서 서술할 수 없다. 고민시와 다른 것 '배우임'이 고민시에게 서술되지만 고민시 자신은 다른 것을 서술하지 않는다. 고민시는 "그것에 대해 다른 것이 서술되지만 그 자신은 다른 것을 서술하지 않는 것"이기에 그는 실체다. 실체는 문장에서 다른 것의 풀이말로 쓰이지 않지만 다른 풀이말들이 붙는 임자말주어과 비슷하다. 다만 실체는 하나의 표현으로서 임자말 자체가 아니라 그 임자말이 가리키는 사물이다.

홀이름 “고민시”는 다른 것의 풀이말로 쓰이지 않지만 “는 예쁘다”, “는 뜨겁다”, “는 차갑다” 따위 다른 풀이말들이 붙을 수 있다. 아리스토텔레스에 따르면 홀이름 “고민시”가 가리키는 개체 고민시는 실체다. 한편 풀이말은 ‘예쁨’, ‘뜨거움’, ‘차가움’ 따위 속성, 성질, 특성, 모습을 나타낸다. 이 모습 안에 고민시가 있지 않고 다만 이 모습이 고민시 안에 있다. 아리스토텔레스의 『범주들』[갈래들] 제5장에서는 실체를 다른 것 안에 있지 않은 것으로 뜻매김한다. 실체는 “바탕의 무엇이라 말해지지 않으며 바탕 안에 있지도 않은 것”[2b12]이다. 숫자 ‘2b12’는 이른바 ‘벡커 쪽수’인데 아리스토텔레스의 문장을 인용할 때 널리 쓰인다.

아리스토텔레스가 실체를 “바탕의 무엇이라 말해지지 않으며 바탕 안에 있지도 않은 것”이라 뜻매김할 때 그가 염두에 둔 실체는 으뜸 실체다. “바탕”은 그리스말 “히포케이메논”을 옮긴 말이다. 영역본은 흔히 “서브젝트”[subject]로, 국역본은 흔히 “기체”[基體 · 밑바탕]나 “본체”[本體]로 옮긴다. 김진성은 이를 “바탕이 되는 것”으로 길게 옮기는데 나는 이를 참조해 그냥 짧게 “바탕”으로 옮겼다. 아리스토텔레스는 “으뜸 실체는 다른 모든 것들의 바탕이 된다"[2b15/김진성]고 말한다. 으뜸 실체는 다른 주체 안에 있지 않으며 다른 주체를 서술하지 않는 무엇이다. 반면 사람은 버금 실체인데 고민시를 두고 그를 '사람이다'고 말할 수 있다. 하지만 사람은 고민시 안에 있지 않다. 이 때문에 버금 실체는 "바탕의 무엇이라 말해지지만 바탕 안에 있지 않은 것"[1a20]이다.

아리스토텔레스에게 "안에 있다"나 "안에 없다"에서 "안에"는 "사과 안에 씨앗이 있다"고 할 때 "안에"를 뜻하지 않는다. 또한 그 "A 안에 B"는 B가 A의 토막이나 조각[부분]임을 뜻하지 않는다. 아리스토텔레스에 따르면 "'바탕 안에 있다'는 무엇 안에 있지만 그것의 조각이지 않고 그것과 따로 떨어져 있을 수 없음을 뜻한다."[1a24] 이를 '얼굴'과 '웃음'의 보기로 설명할 수 있다. 웃음은 얼굴의 한 조각이나 토막이 아니지만 얼굴을 떠나 웃음이 따로 있을 수는 없다. 이 경우 아리스토텔레스는 "웃음은 얼굴 안에 있다"고 말한다.

데카르트는 아리스토텔레스의 이 실체 개념을 이어받아 실체를 "다른 것에 기대지 않는 방식으로 현존하는 것" 또는 "다른 것에 매달리지 않는 방식으로 현존하는 것"으로 뜻매김한다. 다른 사물에 매달리거나 들붙어 있는 것은 실체가 아니다. 굳이 말하자면 실체는 자기 안에 붙어 있다. 이것이 스피노자의 뜻매김 "실체는 제 안에 있는 것이다"가 뜻하는 바다. 그는 데카르트와 달리 표현 "현존한다"를 아직 쓰지 않고 그냥 "있다"를 쓴다. "제 안에 있다"는 "다른 것 안에 있지 않다"는 말이며 "그것의 있음이 다른 것의 있음에 기대지 않는다"는 말이다.

0103. 모습

스피노자는 다음을 '공리'로 받아들인다.

> **공리 I01: 있는 모든 것은 제 안에 있거나 다른 것 안에 있다.**

"공리 I01"은 『에티카』 제1부의 첫째 공리를 말하며 "공리 I02"는 제1부의 둘째 공리를 말한다. 실체가 있다면 정의 I03에 따라 실체는 제 안에 있다. 한 사물이 제 안에 있다면 그 사물은 뜻매김에 따라 실체다. 한 사물이 실체가 아니면 그것은 제 안에 있지 않다. 그것이 제 안에 있지 않다면, 공리 I01에 따라, 그것은 다른 것 안에 있다. 정의 I05에 따르면 "모습은 실체의 바꿈인데 다른 것 안에 있는 것이며 그 다른 것을 거쳐 그것이 개념화된다." 곧 다른 것 안에 있는 것은

'모습'이다. 따라서 한 사물이 실체가 아니면 그것은 모습이다. 물결은 물결 안에 있지 않고 물 안에 있다. 이는 물결이 모습임을 뜻한다. 마찬가지로 빨강은 빨간 물체 안에 있기에 그것은 모습이다. 낱말 "모습"은 라틴말 "모두스"를 옮긴 낱말이고 영어의 "모드"mode에 해당한다. 우리나라에서는 이를 대체로 "양태"로 옮긴다. 베넷은 이를 특별히 '상태'를 뜻하는 "스테이트"state로 옮긴다. "모두스"의 말샘어원은 '잣대'나 '척도'인데 여기서 '방식'과 '양식'의 뜻이 비롯되었다. '모두스'는 실체가 존재하는 방식이다.

내가 "바꿈"으로 옮긴 라틴 낱말은 "아펙티오"다. 이 낱말은 스피노자의 심리철학에서 매우 중요하기에 나중에 따로 이야기할 테다. 그는 "아펙티오" 대신에 때때로 "모디피카티오"를 쓴다. 이는 영어의 "모더피케이션"modification에 해당한다. 이름씨 "모디피카티오"는 움직씨 "모디피코"에서 비롯되었다. 이 낱말에 해당하는 영어 낱말 "모더파이"modify는 '변형하다', '완화하다', '한정하다'를 뜻한다. "모디피코"의 말샘은 "모두스"이기에 "모디피코"를 말샘 그대로 풀면 '모두스로 만들다'를 뜻한다. 아까 말했듯 "모두스"는 '척도', '잣대', '방식', '양식'을 뜻한다. "모디피코"는 '척도화하다'나 '양식화하다'로 이해할 수 있다. 이 뜻에서 '한계짓다',

'통제하다', '규제하다'의 뜻이 생긴 듯하다. 스피노자의 "모디피카티오"는 '한계지어진 것', '양식화된 것', '모습으로 드러난 것', '모습을 띤 것'으로 이해할 수 있다.

데카르트에 따르면 실체는 저 자신 덕분에 있다. 실체는 다른 존재의 도움 없이도 존재한다. 실체의 있음은 다른 것의 있음에 빚지지 않는다. 실체는 다른 사물 없이 제 홀로 있을 수 있다. 보기를 들어 물이 없으면 물결도 없다. 이 때문에 물결은 실체가 아니다. 물결은 물의 물결이기에 물결은 물의 모습이다. 만일 물이 제 홀로 있을 수 있다면 물은 다른 무엇의 물이 아니고 물은 그 자체로 실체다. 나중에 이야기하겠지만 스피노자에게 물도 실체가 아니다. 스피노자에게 개별 물체는 다만 실체의 모습일 뿐이다. 개별 마음이나 개별 사람도 스피노자에게는 실체의 모습이다.

실체는 뭔가의 실체가 아니다. 하지만 모습은 언제나 뭔가의 모습이다. 모습은 실체의 모습이거나 모습의 모습이다. 스피노자의 '모습' 개념은 데카르트에게서 빌렸고 데카르트는 이 개념을 중세의 쓰임에서 가져왔다. 스피노자의 뜻매김에 따르면 실체 s의 모습 P는 실체 s 안에 있다. 이는 "모습 P는 실체 s 덕분에 있다"나 "실체 s는 모습 P를 생기게 한다"를 뜻한다. 우리가 보통 '속성'이나 '성질'로 여기는 것은 스피노자에게는 '모습'이다. 우리는 '파랑'을 사물의 속성으로 여기지만 스피노자에게 '파랑'은 사물의 모습이다. 물론 파랑이 사물의 모습이라는 말은 그 사물이 실체임을 뜻하지 않는다. 스피노자에게 개별 사물은 실체의 모습일 뿐이며 파랑은 모습의 모습이다.

0104. 개념화, 지성, 개념

스피노자는 다음을 공리로 받아들인다.

> **공리 102: 다른 것을 거쳐 개념화될 수 없는 것은 저 자신을 거쳐 개념화되어야 한다.**

내가 "개념화되다"로 옮긴 라틴말은 "콘키피오"인데 영어의 "컨시브"conceive에 해당한다. 라틴말의 "키피오"나 "카페레" 및 영어의 "시브"는 '잡다', '붙잡다', '쥐다', '집다', '움키다'를 뜻한다. 영어와 라틴말에서 "콘/컨"con은 겹낱말복합어에서 '여러 사물을 함께 가져오거나 함께 놓는 일'을 나타낼 때 쓴다. 또한 한 낱말 앞에 "콘"을 붙이면 그 낱말의 뜻이 두드러진다. 한 낱말이 표현하는 행위가 완수되었음을 가리킬 때도 그 낱말에 "콘"을 붙인다.

"콘키피오"와 "컨시브"가 인식 과정을 표현하는 낱말로 쓰일 때 이는 '파악하다', '이해하다', '생각하다'를 뜻한다. 한자의 뜻을 염두에 둔다면 "파악하다"가 말샘에 가장 가까운 번역어다. "파악하다"에서 "파"把는 '잡다'를 뜻하고 "악"握은 '쥐다'를 뜻한다. 누가 파악하고 이해하고 생각하는가? 사람이 그 일을 한다고 흔히들 말한다. 하지만 보통 우리는 사람의 몸이 그 일을 한다고 말하지는 않는다. 철학자는 사람한테 다른 곳을 상정하여 그것에게 파악하고 이해하고 생각하는 일을 맡긴다. 그것은 마음정신인데 스피노자가 쓴 낱말은 "멘스"다. 마음이 무엇이냐는 물음은 스피노자가 『에티카』에서 답하려는 물음 가운데 하나다.

마음은 여러 일을 맡고 여러 노릇을 한다. 그 노릇 가운데 파악하고 이해하고 생각하는 노릇이 있다. 이 노릇을 뜻하는 낱말로 스피노자가 쓴 낱말은 "인텔렉투스"다. '인텔렉투스'는 파악하고 이해하고 생각하는 마음의 노릇이거나 그 노릇을 하는 마음이다. 이름씨 "인텔렉투스"는 움직씨 "인텔레고"에서 비롯되었다. 말샘만으로 보면 이는 '여럿 사이에서 고르거나 모으다'를 뜻한다. "인텔렉투스"는 고대 그리스 철학에서 "누스"며, 로크나 흄에게 "언더스탠

딩"understanding이고, 칸트와 헤겔에게 "페어스탄트"다. 우리나라에서 이를 "지성", "이해력", "오성" 따위로 옮긴다. 아주 옛날 아낙사고라스BCE500-428는 세계가 지성을 갖는다고 말했다. 스피노자도 세계자연가 지성을 갖는다고 생각한다. 개념화하는 주체는 우리 사람의 지성일 수 있고 세계의 지성일 수 있다.

'콘키피오' 행위와 '컨시브' 행위로 맺힌 열매를 영어로 "칸셉트"concept라 한다. 나는 이를 "개념"으로 옮긴다. 우리 앞에 사과가 있다면 우리 손은 그 사과를 쥘 수 있다. 하지만 지성은 사과를 쥘 수 없다. 지성은 무엇을 잡고 무엇을 쥐는가? 지성은 다만 사과의 개념을 붙잡고 움켜쥘 수 있다. 지성이 개념을 붙잡는 일을 달리 "이해하다", "파악하다", "생각하다", "헤아리다" 따위로 표현한다. 거꾸로 지성이 사물을 생각하고 헤아리고 이해하고 파악하는 일은 사물의 개념을 붙잡는 일이다. 지성은 사물의 개념을 어떤 식으로 붙잡을 수 있는가? 이것은 고대 인식론부터 근대 인식론까지 가장 어려운 물음 가운데 하나다.

아리스토텔레스에 따르면 우리 앞에 놓인 사과는 사과의 질료밑감와 사과의 형상본뜻으로 이루어졌다. 이 이론에 따르면 지성이 사과의 개념을 붙잡을 때 지성은 사과의 본디 꼴 또는 본디 뜻을 붙잡는다. 지성이 사과를 '콘키피오'하거나 '컨시브'함으로써 붙잡는 그 개념은 사과의 본디 꼴이다. 물론 스피노자가 아리스토텔레스의 존재론이나 인식론을 그대로 받아들이지는 않는다. 다만 고대 철학자와 중세 철학자가 즐겨 쓰는 개념을 자기 이론을 만드는 데 빌려 쓸 뿐이다. 아리스토텔레스의 이론을 따르더라도 본디 꼴이 바깥 사물로부터 분리되어 지성 안으로 들어올 수는 없는 듯하다. 다만 지성이 마음 안에 사과의 본디 꼴을 새로 맺히게 할 수는 있다. 아우구스티누스354-430와 토마스 아퀴나스1225-1274는 마음의 이 능동 작용을 해명하려 애썼다.

사과의 본디 꼴을 마음에 맺히게 하는 일을 한자어로 "형성"이라 한다. "형성"形成은 '꼴을 이룸', '꼴을 넣음', '꼴이 맺힘' 따위를 뜻한다. 지성이 사물의 본디 꼴을 마음 안에 맺어 사물의 개념을 만드는 일을 영어로 "컨셉션"conception이라 한다. 이는 "개념화"나 "개념작용"으로 옮길 수 있다. 이를 보건대 지성이 '콘키피오'하고 '컨시브'하는 일은 개념화하는 일이며 개념작용이다. 이 때문에 나는 '콘키피오'와 '컨시브'를 "개념화하다"로 옮겼다. 한 사물의 개념은 개념화하는 지성의 활동 결과로 마음 안에 맺힌형성된 그 사물의 본디 꼴이다. 나는 스피노자 인식론의 전반을 아직 모르기에 지금은 대강의 그림만을 그릴 뿐이다. “개념화하다”는 “개념을 맺다”나 “본디 꼴을 맺다”로 바꾸어도 좋다.

한 개념은 무엇의 개념이다. 그 무엇은 있는 것이거나 없는 것이다. 그것이 있는 것이면 공리 I01에 따라 그것은 실체거나 모습[양태]이다. 지성은 한 실체를 개념화함으로써 그 실체의 개념을 얻는다. 또한 지성은 한 모습을 개념화함으로써 그 모습의 개념을 얻는다. 공리 I02에 따르면 한 사물의 개념은 저 자신을 거쳐 개념화되거나 다른 것을 거쳐 개념화된다. 실체는 정의상 제 안에 있으며 다른 사물의 도움 없이 제 홀로 있을 수 있다. 나아가 정의 I03에 따르면 실체는 저 자신을 거쳐 개념화된다. 달리 말해 실체는 그 개념이 맺히는 데 다른 것의 개념이 필요하지 않다. 반면 모습은 정의상 다른 사물의 도움 없이는 제 홀로 있을 수 없다. 또한 정의 I05에 따르면 모습은 다른 것을 거쳐 개념화된다. 모습은 다른 사물의 도움 없이는 제 홀로 개념화될 수 없다.

만일 우리 지성이 한 실체의 개념을 형성할 수 있다면 우리 지성은 다른 개념을 불러들이지 않은 채 그 실체의 개념을 형성해야 한다. 우리 지성이 한 모습의 개념을 형성하고 싶다면 우리 지성은 다른 개념을 불러들여야만 그 모습의 개념을 형성할 수 있다. 스피노자는 자신의 지성을 써서 한 실체가 아니라 모든 실체가 함께 갖는 개념을 붙잡으려 한다. 이를 "실체의 일반 개념"이라 할 수 있겠다. 그는 실체의 일반 개념을 붙잡고 그것을 실체의 뜻매김으로 삼았다. 그는 실체의 뜻매김을 말하면서 "나는 실체를 X로 이해한다" 꼴로 말한다. '나는 이해한다'를 뜻하는 말로 스피노자가 쓴 낱말은 "인텔리고"다. 영미 학자는 대체로 이를 "언더스탠드"understand로 옮긴다. 이는 터박이말로 "헤아리다"로 옮길 수 있는데 이 경우 "지성"은 "헤아림"으로 옮겨도 된다. 스피노자의 헤아림지성은 "실체를 제 안에 있는 것이며 저 자신을 거쳐 그 본디 꼴이 맺히는 것으로 헤아린다."

스피노자의 뜻매김에 따르면 실체는 있음의 측면에서 다른 것의 있음에 기대지 않으며 앎의 측면에서도 다른 것의 앎에 기대지 않는다. 다른 것이 없어도 실체는 있으며 다른 것을 몰라도 지성은 실체를 개념화할 수 있다. 실체는 존재 차원의 독립성과 인식 차원의 독립성을 둘 다 갖는다. 또는 실체는 존재 차원의 의존성을 갖지 않으며 인식 차원의 의존성도 갖지 않는다. 모습은 있음의 측면에서 다른 것의 있음에 기대며 앎의 측면에서도 다른 것의 앎에 기댄다. 다른 것이 있어야 모습이 있고 다른 것을 알아야 지성이 모습을 알 수 있다. 모습은 존재 차원의 의존성과 인식 차원의 의존성을 둘 다 갖는다. 또는 모습은 존재 차원의 독립성을 갖지 않으며 인식 차원의 독립성도 갖지 않는다.

02.

본모습과 속모습

그것이 주어지면 한 사물도 반드시 주어지고 그것을 치우면 그 사물도 반드시 치워지는 것은 그 사물의 본모습에 속한다. 곧 그것 없이는 사물이 있을 수도 개념화될 수도 없고 거꾸로 그 사물 없이는 그것이 있을 수도 개념화될 수도 없는 것은 그 사물의 본모습에 속한다. 속모습은 지성이 실체를 개념화할 때 개념상 실체의 본모습을 이루는 것이다.

모습은 실체의 있음에 기대며 모습의 개념화는 실체의 개념화에 기댄다. 정의 I05에 따르면 모습은 실체의 바꿈[변용]이다. 따라서 실체의 바꿈은 실체의 있음에 기대고 그 개념화는 실체의 개념화에 기댄다. 스피노자는 이를 두고 다음처럼 말한다.

정리 I01: 실체는 본디 그 바꿈에 앞선다.

여기서 "앞선다"는 있음의 차원과 앎의 차원 모두에 해당한다. 실체의 있음은 모습의 있음보다 앞서고 실체의 앎은 모습의 앎보다 앞선다.

0201. 이성주의

우리는 모습을 겪음으로써 실체를 조금씩 더듬을 수 있지 않은가? 스피노자는 앎의 바탕을 겪음[경험]에서 찾는 겪음주의[경험주의]를 받아들이지 않고 앎의 바탕을 헤아림[이성]에서 찾는 헤아림주의[합리주의/이성주의]를 받아들인다. 그의 인식론에서는 모습을 겪어 느끼는 일보다 실체를 헤아려 아는 일이 앞선다. 그의 이론 체계는 이런저런 모습을 겪는 일보다는 실체를 온전히 헤아리는 일에 온 힘을 다하는 체계다.

실체의 있음이 모습의 있음에 앞섬을 우리도 받아들일 수 있다. 우리는 스피노자와 함께 다음 공리를 받아들인다.

공리 103: 결정하는 원인이 주어지면 그로부터 결과가 반드시 뒤따르며 거꾸로 결정하는 원인이 없으면 그로부터 결과가 뒤따를 수 없다.

원인과 결과 사이의 맺음을 "인과 관계"라 한다. 우리가 알기로 인과 관계는 논리 관계나 인식 관계가 아니라 존재 관계다. 무엇이 서로 인과 관계를 맺는가? 보통 사건과 사건이 인과 관계를 맺는다고 말들 한다. 한 사건은 다른 사건 때문에 생긴다. 반면 물건과 물건은 인과 관계를 맺기 어려운데 보통 한 물건이 다른 물건 때문에 생기지는 않는다. 스피노자는 인과 관계를 맺을 수 있는 항목이 사건이냐 물건이냐에 그다지 마음 쓰지 않는다. 실체와 실체가 인과 관계를 맺을 수 있고 실체와 모습이 인과 관계를 맺을 수 있으며 모습과 모습이 인과 관계를 맺을 수 있다. 만일 한 실체와 그 모습 또는 그 바뀜이 인과 관계를 맺는다면 실체가 원인이고 모습이나 바뀜은 그 결과다. 하지만 모습이나 바뀜이 원인이고 실체가 결과일 수는 없다.

공리 I03에서 그냥 "결정된 원인", "이미 정해진 원인", "일정한 원인", "명확한 원인" 따위로 옮겨도 될 말을 나는 "결정하는 원인"으로 옮겼다. 이 공리에 따르면 원인과 결과 사이의 관계는 "원인으로부터 결과가 반드시 뒤따르는" 관계다. 이 공리는 한 원인으로부터 오직 한 결과만이 뒤따른다는 믿음을 표현한다. 또한 한 결과로부터 뒤로 거슬러 가면 오직 하나의 원인에 이른다는 믿음을 표현한다. 이 믿음은 17세기 대부분 철학자가 굳게 믿었던 바다. 스피노자도 이를 믿는데 이 믿음은 『에티카』의 체계가 형성되는 배경이다. 이 배경 아래서 그는 실체로부터 그 모습과 바뀜이 반드시 뒤따른다는 생각으로 나아간다. 이 생각으로부터 우리가 실체를 제대로 안다면 우리가 겪는 여러 가지 모습, 바뀜, 바뀜을 제대로 이해할 수 있다는 믿음이 생긴다. 이 때문에 그는 "제대로 살려면 실체를 제대로 알자"고 조언할 수 있다. 『에티카』의 체계는 실체를 앎으로써 나의 마음, 느낌, 몸, 삶을 알아가는 체계다.

우리도 공리 I03처럼 존재의 세계가 원인과 결과의 필연 연결로 이루어졌다고 가정하겠다. 사건과 사건의 인과 관계 또는 물건과 물건의 인과 관계를 어떻게 추적할 수 있는가? 스피노자에 따르면 실체의 있음은 모습의 있음에 앞설 뿐만 아니라 실체를 아는 일은 모습을 아는 일에 앞선다. 모습을 알려면 그 실체를 먼저 알아야 한다. 결과를 알려면 원인을 먼저 알아야 한다. 우리는 원인에 대한 앎에 기대어 결과에 대한 앎을 얻는다. 그는 다음을 공리로 받아들인다.

> **공리 104: 결과에 대한 앎은 그 원인에 대한 앎을 품으며 이 앎에 기댄다.**

"결과에 대한 앎은 그 원인에 대한 앎에 기댄다"는 어느 정도 이해할 수 있다. 하지만 "결과에 대한 앎은 그 원인에 대한 앎을 품는다[포함한다]"는 조금 헷갈리는 말이다. 내가 "품는다"로 옮긴 라틴말 "인볼보"와 영어 "인발브"[involve]는 말샘으로 보면 '안에 감기다', '안으로 감싸다', '안에 담기다'를 뜻한다. 결과에 대한 앎이 원인에 대한 앎에 기대고 매달린다면 원인에 대한 앎은 결과에 대한 앎보다 풍부해야 한다. 오히려 "원인에 대한 앎은 결과에 대한 앎을 품는다"고 말하거나 "결과에 대한 앎은 원인에 대한 앎 안에 담긴다"고 말해야 한다.

공리 104는 다음을 주장한다. 만일 사물 ㄱ이 원인이고 사물 ㄴ이 결과면 우리는 사물 ㄱ을 앎으로써 사물 ㄴ을 알 수 있다. 실체는 모습에 앞서기에 실체는 원인이고 모습은 결과다. 따라서 우리는 실체가 무엇인지 제대로 앎으로써 실체의 모습들과 바꿈들을 제대로 알 수 있다. 스피노자는 실체를 제대로 개념화함으로써 모습들, 바꿈들, 바뀜들, 느낌들, 겪음들을 제대로 개념화하려 한다. 만일 우리가 실체를 제대로 헤아린다면 우리는 실체로부터 비롯되는 온갖 모습들도 제대로 헤아릴 테다. 헤아림주의자로서 스피노자는 나아가 지성의 힘을 굳게 신뢰한다. 우리가 사물 ㄱ에 대한 앎으로부터 사물 ㄴ에 대한 앎을 추론할 수 있지만 사물 ㄴ에 대한 앎으로부터 사물 ㄱ에 대한 앎을 추론할 수 없다면 다음 결론을 얻는다. 사물 ㄱ은 사물 ㄴ의 원인일 수 있지만 사물 ㄴ이 사물 ㄱ의 원인일 수는 없다.

뜻매김에 따르면 모습의 개념은 실체의 개념 안에 담긴다. 우리가 한 사물이 실체임을 안다면 그 사물 안에 '모습'이 있음을 안다. 개념의 순서상 실체가 앞서고 모습이 뒤따른다. 이성주의자에게 개념의 순서 · 차례 · 질서는 곧 사물의 순서 · 차례 · 질서다. 이 점에서 스피노자의 『에티카』는 개념의 순서 · 차례 · 질서를 헤아림으로써 사물의 순서 · 차례 · 질서를 헤아리려는 이성주의의 기획물이다. 개념과 개념의 연관으로부터 사물과 사물의 연관을 추적하려면 다음을 가정해야 한다. 곧 개념 사이의 무관성은 사물 사이의 무관성을 함축하고 개념 사이의 유관성은 사물 사이의 유관성을 함축한다. 만일 우리가 두 사물의 개념이 아무 관련이 없음을 안다면 우리는 두 사물 자체가 아무 관련이 없음도 안다.

0202. 속모습

개념과 개념의 관련성은 인식의 관련성이며 논리와 이유의 관련성이다. 반면 사물과 사물의 관련성은 존재의 관련성이며 인과의 관련성이다. 스피노자는 인식의 관련성으로부터 존재의 관련성을 추적한다. 그에 따르면 인식의 고리 · 연쇄 · 그물은 존재의 고리 · 연쇄 · 그물을 닮았으며 존재의 연쇄는 인식의 연쇄를 닮았다. 그는 이를 보증하려고 다음을 공리로 받아들인다.

> **공리 105: 서로 공통점을 갖지 않는 두 사물은 한쪽을 거쳐 다른 쪽을 헤아릴**이해할 **수 없는데 곧 한쪽의 개념이 다른 쪽의 개념을 품지 않는다.**

이 공리에 따르면 만일 두 사물이 공통의 존재 요소를 갖지 않는다면 이들 사물의 개념은 공통의 개념 요소도 갖지 않는다. 이것이 "서로 공통점을 갖지 않는 두 사물은 한쪽의 개념이 다른 쪽의 개념을 품지 않는다"가 말하는 바다. 개념 요소를 공유하지 않는다면 우리는 한쪽 개념을 붙잡음으로써 다른 쪽 개념을 붙잡을 수 없고 한쪽을 거쳐 다른 쪽을 헤아릴 수 없다.

공통의 존재 요소를 아예 갖지 않는 두 사물 ㄱ과 사물 ㄴ을 생각하겠다. 만일 사물 ㄱ과 사물 ㄴ이 인과 관계를 맺는다면 사물 ㄱ은 원인 또는 결과고 사물 ㄴ은 결과 또는 원인이다. 이들 사물이 원인 또는 결과면 공리 I04에 따라 사물 ㄱ에 대한 앎은 사물 ㄴ에 대한 앎을 품거나 사물 ㄴ에 대한 앎은 사물 ㄱ에 대한 앎을 품어야 한다. 하지만 공리 I05에 따르면 이들은 서로 공통점을 갖지 않기에 한 사물의 개념은 다른 사물의 개념을 품지 않는다. 우리는 사물 ㄱ의 개념을 붙잡음으로써 사물 ㄴ의 개념을 붙잡을 수 없고 사물 ㄴ의 개념을 붙잡음으로써 사물 ㄱ의 개념을 붙잡을 수 없다. 이는 사물 ㄱ을 헤아려 앎으로써 사물 ㄴ을 헤아려 알 수 없으며 사물 ㄴ을 헤아려 앎으로써 사물 ㄱ을 헤아려 알 수 없음을 뜻한다.

이미 말했듯 만일 사물 ㄱ과 ㄴ이 인과 관계를 맺는다면 각 사물에 대한 앎은 서로 관계를 맺어야 한다. 이는 공통의 존재 요소를 아예 갖지 않는 두 사물이 인과 관계를 맺을 수 없음을 뜻한다.

정리 103: 서로 공통점을 갖지 않는 두 사물은 한쪽이 다른 쪽의 원인일 수 없다.

만일 한 모습과 다른 모습이 공통점을 갖지 않는다면 이들 모습은 인과 관계를 맺을 수 없다. 만일 한 실체와 다른 실체가 공통점을 갖지 않는다면 이들 실체는 인과 관계를 맺을 수 없다. 만일 한 실체와 한 모습이 공통점을 갖지 않는다면 이들은 인과 관계를 맺을 수 없다.

만일 두 실체가 있다면 이들은 무엇을 공통의 존재 요소로 지닐 수 있는가? 하나는 모습이다. 두 실체가 함께 갖는 모습이 있다면 이들은 공통점을 갖는다. 다른 하나는 속성[속모습]이다. 두 실체가 함께 갖는 속성이 있다면 이들은 공통점을 갖는다. 스피노자의 '속성' 개념은 『에티카』에 나오는 개념들 가운데 가장 어렵다. 그는 속성을 다음처럼 뜻매김한다.

정의 I04: 속성[속모습]은 지성이 실체를 지각할 때 실체의 본모습[본질]을 이루는 것으로 지각하는 것이다.

이 뜻매김에서 낯선 개념이 둘이 있는데 하나는 '지각'이고 다른 하나는 '본모습'이다.

우리는 "지각"을 '감각을 통한 인식'으로 흔히들 이해한다. "지각하다"를 뜻하는 라틴말은 "페르시페레"인데 내가 "개념화하다"로 옮긴 "콘시페레"와 말샘이 거의 비슷하다. 다만 "페르"와 "콘"에서 차이가 날 뿐이다. "페르"는 '통해'나 '거쳐'를 뜻한다. 학자들은 스피노자가 "페르시페레"와 "콘시페레"를 또렷하게 분간하여 이들 낱말을 쓰지는 않았다고 말들 한다. 개념의 통일성을 바란다면 정리 I04를 "속성은 지성이 실체를 개념화할 때 실체의 본모습을 이루는 것으로 개념화하는 것이다"로 바꾸어야 한다. 더 낫게 고치면 다음과 같다.

정의 I04: 속성[속모습]은 지성이 실체를 개념화할 때 개념상 실체의 본모습[본질]을 이루는 것이다.

간추리면 "속성은 지성의 개념상 실체의 본모습을 이루는 것이다."

그다음 '본모습'은 라틴말 "에센티아" 또는 "에센티암"을 옮긴 말이다. 영어에서 "에센스"essence에 해당하며 동아시아에서 흔히들 "본질"로 옮긴다. '있다'를 뜻하는 그리스말 "에이나이"에서 이름씨꼴 낱말 "우시아"가 비롯되었듯 '있다'를 뜻하는 라틴말 "에세"에서 이름씨꼴 낱말 "에센티아"가 비롯되었다. 키케로BCE106-43는 그리스 낱말 "우시아"의 번역어를 만들려고 "에센티아"를 조어했다. 고대부터 지금까지 철학자에게 '본모습' 개념은 '실체'본바탕 개념과 매우 헷갈린다. 왜냐하면 아리스토텔레스가 '으뜸 실체'와 '버금 실체'를 이야기할 때 그가 '실체'를 뜻하는 말로 쓴 낱말도 "우시아"기 때문이다.

철학사에서 '우시아'와 '에센티아'가 어떻게 이해되었든 스피노자는 '본모습'을 다음처럼 뜻매김한다.

> **정의 II02: 그것이 주어지면 한 사물도 반드시 주어지고 그것을 치우면 그 사물도 반드시 치워지는 것은 그 사물의 본모습에 속한다. 곧 그것 없이는 사물이 있을 수도 개념화될 수도 없고 거꾸로 그 사물 없이는 그것이 있을 수도 개념화될 수도 없는 것은 그 사물의 본모습에 속한다.**

이 뜻매김을 보건대 한 사물의 본모습이란 그것이 생기면 그 사물도 생기고 그 사물이 없어지면 그것도 없어지는 무엇이다. 그 사물을 개념화하려면 반드시 그 사물의 본모습을 드러내야 한다. 나는 이 뜻매김에 나오는 표현 "본모습에 속한다"를 "본모습을 이룬다"로 이해한다.

다시 속성의 뜻매김으로 돌아가겠다. 스피노자가 "속성"을 표현하려고 쓴 낱말은 "아트리부툼"인데 영어의 "애트리뷰트"attribute에 해당한다. 이 낱말은 움직씨 낱말 "아트리부오"나 "아드트리부어"에서 비롯되었다. 이는 '에'나 '한테'를 뜻하는 "아드"와 '주다'나 '들어주다'를 뜻하는 "트리부오"가 더해진 낱말이다. 이는 '거기에 주다', '거기에 덧붙이다', '잇다', '더하다'를 뜻한다. 임자말에 덧붙이는 풀이말은 주체가 가진 '무엇'을 나타낸다. 스피노자의 '속성' 개념은 데카르트의 '으뜸 속성' 또는 '주된 속성' 개념과 비슷하다. 데카르트의 "으뜸 속성"에서 "속성"은 "아트리부툼"이 아니라 "프로프리에타스"다. 이 라틴 낱말은 영어 "프라퍼티"property에 해당하는데 처음에는 '한 사물이 저만 고유하게 또는 각별하게 가진 특성'을 뜻했다. 이 낱말의 말샘은 의견이 분분한데 '자신의', '개인의', '앞에 있는', '자기 앞 세대로부터' 따위다. 내가 "고유한"으로 옮기는 영어 "프라퍼"proper

도 같은 말샘에서 비롯되었다. “아트리부툼”과 “프로프리에타스”를 구별하려고 이제부터 “프로프리에타스”는 “속성”으로 옮기고 “아트리부툼”은 “속모습”으로 옮기겠다.

0203. 본모습, 속모습, 겉모습

데카르트는 『철학 원리』 제1부 53절에서 이렇게 말한다.

> “실체는 저마다 하나의 으뜸 속성을 갖는데 이것은 실체의 됨됨이와 본모습을 이루며 실체의 다른 모든 속성이 이 으뜸 속성에서 비롯된다.”

표현 “실체의 됨됨이와 본모습”에서 “됨됨이”와 “본모습”은 그것이 말하는 바가 거의 비슷하다. “됨됨이”[본성]는 그리스 낱말[피시스]이든 라틴 낱말[나투라]이든 이들 낱말의 말샘을 살피면 이는 ‘자라는 모습’이나 ‘되어가는 모습’을 뜻한다. 이 때문에 나는 이를 “됨됨이”로 옮겼다. ‘됨됨이’는 사물의 생성과 변화 가운데서도 사물이 늘 지키는 본디 모습이다. 이 점에서 ‘됨됨이’는 사물의 ‘본모습’[본질]에 가깝다. 사물의 ‘본모습’은 ‘사물이 지금 있는 그대로의 모습’이지만 아리스토텔레스에 따르면 '지금 있는 그대로의 모습'은 '자라는 모습'과 '되어가는 모습'이다. 그에게 사물의 '형상'에이도스 · 본뜻은 '자라고 되어감으로써 본디 온전한 모습까지 사물을 이끄는 무엇'이다. 그에게 사물의 '형상'본뜻은 사물의 '됨됨이'이며 '본모습'이다.

데카르트는 다음 셋을 주장한다.

- 실체는 저마다 하나의 으뜸 속성을 갖는다.
- 실체의 으뜸 속성은 실체의 본모습을 이룬다.
- 실체의 으뜸 속성에서 실체의 다른 모든 속성이 비롯된다.

조너선 베넷은 "다른 모든 속성이 여기서 비롯된다"에 해당하는 라틴어 원문을 "다른 모든 속성은 그것의 특수한 경우다"로 옮긴다. 데카르트는 하나의 실체에 하나의 으뜸 속성만 준다. 하나의 실체가 여러 으뜸 속성을 지닐 수는 없다. 그는 으뜸 속성으로 '퍼짐'연장과 '생각'사유을 제안했다. 마음은 오직 으뜸 속성 '생각'만 갖고 물체는 오직 으뜸 속성 '퍼짐'만 갖는다. "퍼짐"은 '너비 높이 깊이를 채움' 또는 '자리를 차지함'을 뜻한다. 으뜸 속성 '퍼짐'이 여러 모습을 취하면 모양, 움직임, 멈춤 따위 여러 가지 딸림 속성이 비롯된다. 으뜸 속성 ‘생각’이 여러 모습을 취하면 믿음, 바람, 꿈, 두려움 따위 여러 가지 딸림 속성이 비롯된다. 데카르트는 으뜸 속성에서 비롯된 속성을 “양태”모습라 했다. 실체의 모습은 말하자면 실체의 ‘겉모습’이다. 실체의 으뜸 속성이 이런저런 방식으로 영향받고 바뀜으로써 실체는 여러 겉모습을 취한다. 마음의 여러 겉모습양태은 으뜸 속성 ‘생각’에 따라 개념화되고 설명된다. 물체의 여러 겉모습은 으뜸 속성 ‘퍼짐’에 따라 개념화되고 설명된다.

‘아트리부툼’은 방금 데카르트가 말한 ‘으뜸 속성’이다. 나는 “아트리부툼”을 “속모습”으로 옮기기로 했다. 나는 이 “속모습”과 구별하려고 “모습”양태을 때때로 “겉모습”이라 하겠다. 실체의 바뀜변용은 실체의 겉모습이다. 이제 데카르트의 주장은 다음처럼 고칠 수 있다.

◦ 각 실체는 하나의 속모습만 갖는다.

◦ 실체의 속모습은 실체의 본모습을 이룬다.

◦ 실체의 모든 겉모습은 실체의 속모습에서 비롯된다.

아리스토텔레스와 데카르트에 따르면 실체의 ‘됨됨이’와 ‘본모습'은 그 실체가 영향을 주고받아 바뀌고 바꾸는 모든 겉모습을 담는다. 실체가 갖는 하나의 속모습은 실체의 본모습을 이룬다. 이 속모습은 실체의 모든 겉모습을 설명한다. 지성은 이 속모습을 거쳐 다른 모든 겉모습을 개념화하고 헤아리고 이해한다. 이것이 "실체의 모든 겉모습은 실체의 속모습에서 비롯된다"가 뜻하는 바다. 스피노자는 데카르트의 "실체의 속모습은 실체의 본모습을 이룬다"를 거의 그대로 가져와 "속모습은 지성의 개념상 실체의 본모습을 이룬다"고 뜻풀이한다.

데카르트와 스피노자에게 실체의 속모습은 실체의 본모습이며 다른 모든 모습의 바탕이다. 속모습은 모습의 바탕인데 이 바탕은 있음의 바탕일 뿐만 아니라 개념화 · 헤아림 · 앎의 바탕이다. 실체의 속모습을 개념화함으로써 지성은 실체의 여러 가지 모습들을 개념화한다. 지성은 속모습의 개념으로부터 모습의 개념을 이끌며 속모습에 대한 정보와 앎으로부터 모습의 정보와 앎을 이끈다. 보통 우리는 실체의 됨됨이와 본모습이 여러 가지라 생각하지 않는다. 실체의 됨됨이와 본모습은 하나로 통일되어야 한다. 실체의 본모습을 개념상 여러 조각으로 쪼갤 수 있겠지만 본모습의 토막이나 조각은 본모습이 아니다. 이 때문에 "실체의 본모습"은 "실체의 그 본모습"이다.

데카르트에 따르면 각 실체는 오직 하나의 속모습만을 갖기에 "실체의 속모습"은 "실체의 그 속모습"이다. 그에 따르면 실체의 그 속모습은 실체의 그 본모습을 이룬다. 따라서 "실체의 속모습은 실체의 본모습을 이룬다"에서 "이루다"구성하다는 속모습이 전체 본모습의 일부임을 뜻하지 않는다. 실체의 그 속모습만으로 실체의 그 본모습이 모두 드러난다. 만일 지성이 실체의 속모습을 안다면 지성은 실체의 본모습을 안다. 따라서 데카르트에게 "실체의 속모습은 실체의 본모습을 이룬다"는 사실상 "실체의 속모습은 실체의 본모습이다"를 뜻한다. 하지만 만일 실체가 여러 속모습을 갖는다면 "실체의 속모습은 실체의 본모습이다"고 말할 수 없다. 스피노자는 실체의 본모습이 하나로 통일되었음을 받아들이지만 실체가 하나의 속모습만 갖는다고 생각하지 않는다.

0204. 여러 속모습

데카르트에 따르면 하느님은 '생각하는 무한 실체'며 이것만이 진정한 실체다. 하느님을 빼면 두 가지 실체가 있다. 한

가지는 퍼진 물질 실체고 다른 한 가지는 생각하는 실체다. 데카르트에게 한 실체, 그 실체의 그 속모습, 그 실체의 그 본모습은 세 개의 사물이 아니다. 그에게 이 셋은 하나의 다른 이름이다. 실체로서 물체는 '퍼진 실체'며 속모습 '퍼짐' 이며 본모습 '퍼짐'이다. 실체로서 마음은 '생각하는 실체'며 속모습 '생각'이며 본모습 '생각'이다. 하지만 데카르트의 이 실체이론은 몹시 풀기 어려운 수수께끼를 낳는다. 개별 퍼진 실체들은 무엇으로 개별화되고 개별 생각 실체들은 무엇으로 개별화되는가? 무한 생각 실체로서 하느님이 어떻게 퍼진 실체를 낳을 수 있는가?

데카르트의 퍼진 실체는 아리스토텔레스의 밑감[질료]을 대신한다. 으뜸 밑감 또는 순수 질료는 아무 속성을 갖지 않는다. 실체는 밑감과 본꼴[형상]의 통합체인데 으뜸 밑감에 본꼴이 깃들 때 그 실체에 비로소 모종의 속성이 생긴다. 데카르트는 '아무 속성 없는 무엇'으로서 '으뜸 밑감' 개념을 버리고 그 대신 '퍼진 실체' 개념을 가져온다. 하지만 스피노자가 보기에 속모습 '퍼짐'만으로 한 퍼진 실체와 다른 퍼진 실체를 개별화할 수 없다. 왜냐하면 한 퍼진 실체와 다른 퍼진 실체는 속모습 '퍼짐'을 똑같이 갖고 본모습 '퍼짐'을 똑같이 갖기 때문이다. 퍼짐의 겉모습은 퍼진 실체들을 개별화할 수 있는가? 스피노자는 겉모습이 실체를 개별화할 수 없다고 본다. 마찬가지로 속모습 '생각'만으로 한 생각 실체와 다른 생각 실체를 개별화할 수 없다. 나아가 그는 생각 실체가 퍼진 실체를 낳을 수 없다고 보았다. 왜냐하면 속모습 '생각'과 속모습 '퍼짐' 사이에 아무 공통점도 없기 때문이다. 정리 I03에 따르면 공통점이 없는 두 사물은 인과 관계를 맺지 않는다. 만일 하느님이 생각 실체면 그는 물질 실체를 낳을 수 없다.

스피노자는 데카르트의 수수께끼가 개념을 잘못 적용함으로써 비롯되었다고 생각한다. 그는 오직 한 가지 실체만 받아들이고 오직 한 개의 실체만 받아들인다. 그 실체는 생각하는 실체며 또한 퍼진 실체다. 나아가 스피노자는 한 실체가 여러 속모습을 지닐 수 있다고 생각한다. 만일 한 실체가 하나의 통일된 본모습을 갖고 그 본모습이 그 속모습 안에 담겼다면 한 실체가 어떻게 여러 속모습을 지닐 수 있는가? 이것은 스피노자의 이론 체계에서 가장 어려운 물음이다. "실체의 속모습은 실체의 본모습을 이룬다"에서 "이룬다"는 스피노자에게 매우 진지한 표현이다.

스피노자의 정의 II02에 따르면 실체의 본모습은 실체의 존재를 이루고 실체의 개념을 이룬다. 나는 이 뜻매김에서 "본모습에 속한다"를 "본모습을 이룬다"로 이해했다. 실체 알파를 생각하겠는데 속모습 A가 실체 알파의 본모습을 이룬다고 가정한다. 정의 II02의 취지에 따르면 다음이 성립한다. A를 없애면 그 실체는 사라지고 A를 주면 그 실체도 생긴다. A 없이는 그 실체가 개념화될 수 없고 그 실체가 없다면 A도 없고 A는 개념화될 수 없다. 이제 A와 다른 속모습 B가 실체 알파의 본모습을 이룰 수 있는가? 만일 B가 실체 알파의 본모습을 이룬다면 다음이 성립해야 한다. B를 없애면 그 실체는 사라지고 B를 주면 그 실체도 생긴다. B 없이는 그 실체가 개념화될 수 없고 그 실체가 없다면 B도 없고 B는 개념화될 수 없다. A와 B가 둘 다 실체 알파의 본모습을 이룬다면 A를 유지하고 B를 없앨 수 없다. 왜냐하면 B를 없애면 실체 알파가 사라지고 A도 사라지기 때문이다. 마찬가지로 A와 B가 둘 다 실체 알파의 본모습을 이룬다면 B를 유지하고 A를 없앨 수 없다.

A와 B가 다르지만 둘 다 한 실체의 본모습을 이룬다면 다음이 성립해야 한다. A를 없애면 B가 사라지고 A를 주면 B도 생긴다. B를 없애면 A가 사라지고 B를 주면 A도 생긴다. A 없이는 B가 개념화될 수 없고 B 없이는 A가 개념화될 수 없다. 하지만 스피노자는 속모습이 그 자체로 개념화

될 수 있다고 주장한다. 만일 A와 B가 둘 다 한 실체의 속모습이고 A와 B가 제각각 그 자체로 개념화될 수 있다면 "A 없이는 B가 개념화될 수 없고 B 없이는 A가 개념화될 수 없다"가 어떻게 성립할 수 있는가? 데카르트가 한 실체에 오직 한 속모습만 주었던 일은 개념상 헷갈림을 주지 않는다. 하지만 스피노자는 한 실체에 여러 속모습을 주면서 엄청난 개념상 헷갈림을 낳는다.

우리 지성은 스피노자의 '속모습' 개념을 헤아릴 수 있을까? 스피노자는 '속모습'을 잘못 개념화하지는 않았을까? 헷갈림을 줄이려고 나는 세 가지를 고려한다. 첫째, 정의 II02를 너무 엄격하게 적용하지 말고 다소 느슨하게 사용한다. 무엇보다 이 정리에서 "는 그 사물의 본모습에 속한다"를 "는 그 사물의 본모습이다"로 이해한다. 그다음 "각 속모습은 실체의 본모습을 이룬다"를 받아들이지만 "각 속모습은 실체의 본모습이다"는 받아들이지 않는다. 둘째, 정의 I04를 주도면밀하게 해석한다. 이 뜻매김에서 스피노자는 실체를 개념화하는 지성의 노릇을 굳이 언급한다. 속모습이 실체의 본모습을 이루는 일은 "개념상"의 일이다. 셋째, 표현 "이룬다" 대신에 표현 "나타낸다"[표현한다]를 눈여겨본다. 아직 다루지 않았지만 스피노자의 다른 표현 방식에 따르면 "속모습은 본모습을 나타낸다."

지성은 속모습 A를 개념화할 때 다른 것에 기대지 않고 그 자체로 개념화한다. 마찬가지로 지성은 속모습 B를 개념화할 때 다른 것에 기대지 않고 그 자체로 개념화한다. 지성은 속모습 A가 실체 알파의 본모습을 이루는 식으로 개념화하고 속모습 B가 실체 알파의 본모습을 이루는 식으로 개념화한다. 이제 속모습 A와 B는 각각 실체의 본모습이라기보다 본모습의 한 측면이다. 한 측면만으로 실체의 본모습이 충분히 드러난다. 한 속모습은 실체의 본모습을 나름의 방식으로 표현하고 다른 속모습은 똑같은 그 본모습을 나름의 방식으로 다르게 표현한다. 여러 속모습, 여러 측면, 여러 표현이 실체의 본모습을 이루며 각각이 그 본모습을 나타낸다.

03.

실체와 속모습

둘 이상의 다른 사물들은 그 실체들의 속모습들 차이로 서로 구별되거나 그 실체들의 바꿈들 차이로 서로 구별된다. 설사 두 속모습이 실제로 서로 구별되게 개념화되더라도 여전히 우리는 이로부터 두 속모습이 다른 두 실체를 이룬다고 결론지을 수는 없다. 각 실체는 실재성을 더 많이 가질수록 더 많은 속모습들이 거기에 속한다. 똑같은 속모습을 갖는 둘 이상의 실체가 세계에 있을 수는 없다. 서로 다른 속모습들을 가진 두 실체는 서로 아무 공통점도 갖지 않는다.

우리는 여러 사물이 있다고 생각한다. 한 사물과 다른 사물은 어떻게 분간되는가? 공리 I01, 정의 I03, 정의 I05에 따르면 있는 것은 실체거나 모습이다. 스피노자는 이를 두고 "지성 바깥에는 실체와 그 바꿈 빼고 아무것도 없다"[정리I04증명]고 표현한다. 표현 "지성 바깥에는"은 조금 야릇하다. 이것은 "바깥에 있다"[현존한다]를 염두에 두었을 수 있고 실체와 그 바꿈 빼고 지성이 따로 있음을 힘주어 말한 일일 수 있다. 나중에 스피노자는 지성이 실체의 모습이라 말한다. 있는 것은 실체거나 그 모습뿐이기에 한 사물과 다른 사물을 분간하는 요소는 실체거나 그 모습이다. 이것은 정리 I04의 내용이다.

정리 I04: 둘 또는 그 이상의 다른 사물들은 그 실체들의 속모습들 차이로 서로 구별되거나 그 실체들의 바꿈들 차이로 서로 구별된다.

이 정리에서 "그 실체들의 속모습들"이 뜻하는 바는 무엇인가?

정리 I04를 이해하려면 한 실체가 여러 속모습을 가질 수 있는지 없는지 먼저 따져야 한다. 스피노자는 놀랍게도 실체와 속모습의 뜻매김으로부터 다음 정리가 따라 나온다고 주장한다.

정리 I10: 한 실체의 각 속모습은 저 자신을 거쳐 개념화되어야 한다.

우리 생각에 실체와 속모습의 뜻매김으로부터 이 정리가 따라 나오지는 않는다. 오히려 우리는 정리 I10을 속모습의 뜻매김을 이루는 별도의 조건으로 이해해야 한다. 하지만 이 조건 때문에 그의 실체이론은 매우 복잡해진다.

0301. 한 실체의 여러 속모습

스피노자는 자신의 정리와 증명에 '주석'을 덧붙여 자기 생각의 배경과 함축을 해설한다. "주석"은 라틴말 "스콜리움"의 번역어다. 이는 그리스말 "스콜리온"에서 비롯된 말인데 원문에 덧붙이는 '논평', '논의', '해설', '비평'을 뜻한다. 스피노자는 정리 I10의 주석에서 여러 속모습을 갖는 실체를 상정한다.

> "한 실체의 속모습들 각각이 저 자신을 거쳐 개념화된다는 점은 실체의 됨됨이에 해당한다. 왜냐하면 그 실체가 갖는 모든 속모습은 언제나 동시에 그 실체 안에 있었는데, 한 속모습이 다른 속모습으로부터 나올 수 없었고 각 속모습은 그 실체의 실재성이나 있음을 나타내기[표현하기] 때문이다."

여기서 "있음"에 해당하는 원어는 "에세"인데 이를 "에센티아"로 이해할 수 있다. 이 경우 "각 속모습은 그 실체의 실재성이나 있음을 나타낸다"는 그냥 "각 속모습은 그 실체의 본모습을 나타낸다"로 바꾸어도 되겠다.

스피노자에 따르면 "실체가 갖는 모든 속모습은 언제나 동시에 그 실체 안에 있었다." 이것이 정리 I10을 뒷받침하는 까닭인지 오히려 정리 I10으로부터 따라 나오는 결론인지 또렷하지 않다. "한 속모습은 다른 속모습으로부터 나올 수 없었다"도 마찬가지다. 이 문장은 "실체가 갖는 모든 속모습은 언제나 동시에 그 실체 안에 있었다"의 다른 표현이다. 더 중요한 문장은 "각 속모습은 그 실체의 실재성이나 있음을 나타낸다" 또는 "각 속모습은 그 실체의 본모습을 나타낸다"다.

한 실체의 본모습을 나타내는 그 실체의 속모습들은 왜 언제나 동시에 그 실체 안에 있어야 하는가? 이 물음 덕분에 우리는 정의 II02를 다시 떠올린다.

> **정의 II02: 그것이 주어지면 한 사물도 반드시 주어지고 그것을 치우면 그 사물도 반드시 치워지는 것은 그 사물의 본모습에 속한다. 곧 그것 없이는 사물이 있을 수도 개념화될 수도 없고 거꾸로 그 사물 없이는 그것이 있을 수도 개념화될 수도 없는 것은 그 사물의 본모습에 속한다.**

이 뜻매김이 말하는 바는 매우 강력하다. 나는 표현 "본모습에 속한다"를 "본모습을 이룬다"나 "본모습을 나타낸다"로 달리 쓸 수 있다고 가정한다. 만일 속모습 A가 한 실체의 본모습을 이루고 그 본모습을 나타낸다면 A 없이는 그 실체도 없다. 만일 속모습 B가 그 실체의 본모습을 이루고 그 본모습을 나타낸다면 B 없이는 그 실체도 없다. 실체의 본모습을 나타내는 속모습이 사라지면 그 실체도 사라지기에 속모습, 본모습, 실체는 함께 있어야 한다.

스피노자는 "실체가 갖는 모든 속모습은 언제나 동시에 그 실체 안에 있었는데, 한 속모습이 다른 속모습으로부터 나올 수 없었고 각 속모습은 그 실체의 실재성이나 있음을 나타낸다"고 말하면서 다음을 가정한 듯하다.

> 숨은 가정: 만일 한 속모습이 실체의 본모습을 나타내면 그 속모습 없이는 그 본모습도 없다.

이를 가정한다면 만일 속모습 A와 B가 둘 다 실체의 본모습을 나타내면 두 속모습은 언제나 그 실체 및 그 본모습과 함께 있어야 한다. 속모습들이 언제나 함께 있기에 속모습 A는 속모습 B로부터 나올 수 없고 속모습 B는 속모습 A로부터 나올 수 없다. 결국 "한 실체의 속모습들 각각은 저 자신을 거쳐 개념화되며" "이 점은 실체의 됨됨이에 해당한다." 이는 정리 I10이 말하는 바다.

데카르트에 따르면 한 실체는 오직 한 속모습만 가질 수 있다. 만일 한 실체가 속모습 '퍼짐'을 갖는다면 그 실체는 속모습 '생각'을 지닐 수 없다. 만일 한 실체가 속모습 '생각'을 갖는다면 그 실체는 속모습 '퍼짐'을 지닐 수 없다. 데카르트가 이렇게 생각하는 까닭은 우리 지성은 '퍼짐' 개념 없이 '생각'을 개념화할 수 있고 '생각' 개념 없이 '퍼짐'을 개념화할 수 있기 때문이다. 속모습 '퍼짐'과 속모습 '생각'은 개념 독립성을 갖는다. 나아가 속모습 '퍼짐'과 속모습 '생각'은 존재 독립성도 갖는다. '퍼짐' 없이 '생각'이 있을 수 있고 '생각' 없이 '퍼짐'이 있을 수 있다. 스피노자도 속모습들 사이에 개념 독립성과 존재 독립성을 둘 다 받아들인다. 속모습 A는 속모습 B 없이 개념화될 수 있고 B 없이 존재할 수 있다. 속모습 B는 속모습 A 없이 개념화될 수 있고 A 없이 존재할 수 있다.

만일 '퍼짐'이 한 실체의 속모습이면 정리 I10에 따라 '퍼짐'은 퍼짐 저 자신을 거쳐 개념화되어야 한다. 만일 '생각'이 한 실체의 속모습이면 같은 정리에 따라 '생각'은 생각 저 자신을 거쳐 개념화되어야 한다. '퍼짐'은 '생각' 개념에 기대지 않고 개념화되어야 하고 '생각'은 '퍼짐' 개념에 기대지 않고 개념화되어야 한다. 하지만 스피노자는 두 속모습 사이에 개념 독립성이 성립한다면 한 속모습이 다른 속모습을 배제할 까닭이 없다고 생각한다. '퍼짐'과 '생각'이 각각 개념 독립성과 존재 독립성을 지닌다는 말은 '퍼짐'과 '생각'이 함께 또는 한자리에 있을 수 없다는 말이 아니다. 따라서 스피노자가 보기에 실체의 뜻매김이나 속모습의 뜻매김으로부터 "한 실체는 오직 한 속모습을 갖는다"를 추론할 수는 없다.

두 속모습이 각각 개념 독립성과 존재 독립성을 지닌다는 말은 두 속모습이 각각 하나의 실체를 이룬다는 말이 아니다. 이 때문에 스피노자는 정리 I10의 주석에서 다음처럼 말한다.

> "설사 두 속모습이 실제로 서로 구별되게 개념화되더라도, 곧 한 속모습이 다른 속모습의 도움 없이 개념화되더라도, 여전히 우리는 이로부터 두 속모습이 두 존재 또는 다른 두 실체를 이룬다고 결론지을 수는 없다."

내가 "존재"로 옮긴 라틴 낱말은 "엔시아"다. 이 인용문에서 "두 속모습이 다른 두 실체를 이룬다"는 "한 속모습은 한 실체의 본모습을 이루고 다른 속모습은 다른 실체의 본모습을 이룬다"를 뜻한다. 이는 "한 속모습은 한 실체의 본모습이고 다른 속모습은 다른 실체의 본모습이다"를 뜻한다. 따라서 스피노자가 주장하는 바는 다음이다. 한 실체의 한 속모습은 그 속모습 자체를 거쳐 개념화되지만 이는 한 실체에 오직 한 속모습이 대응됨을 뜻하지 않는다. 달리 말해 이는 두 속모습이 한 실체의 본모습을 이룰 수 없음을 뜻하지 않는다.

0302. 더 많은 실재성

결국 "한 실체에 여러 속모습을 주는 일은 전혀 부조리하지 않다."[정리10주석] 그렇다면 실체의 뜻매김이나 속모습의 뜻매김으로부터 "한 실체는 여러 속모습을 갖는다"가 따라 나오는가? 정의와 공리로부터 "한 실체는 여러 속모습을 갖는다"가 손쉽게 따라 나오지는 않는다. 일단 나는 몇몇 실체는 한 속모습을 갖고 몇몇 실체는 여러 속모습을 갖는다고 잠정 가정하겠다. 스피노자는 실체의 실재성이 실체가 갖는 속모습의 개수에 따라 가늠된다고 말한다.

> **정리 I09: 각 사물은 실재성이나 있음을 더 많이 가질수록 더 많은 속모습들이 거기에 속한다.**

나는 라틴 낱말 "레스"를 "사물"로 옮기고 "에세"를 "있음"으로 옮겼다. 정리 I09에 따르면 실체가 가진 실재성이 클수록 실체는 더 많은 속모습들을 갖는다. 그는 이것이 속모습의 뜻매김으로부터 곧바로 나온다고 주장한다.

속모습의 뜻매김에 따르면 속모습은 실체의 본모습을 이룬다. 더 많은 속모습을 가지면 더 풍부한 본모습을 갖는다. 본모습들을 '풍부함'으로 줄 세울 수 있는가? 본모습의 풍부함은 무엇을 뜻하는가? 아리스토텔레스의 개념을 빌리면 그것은 더 많은 디나미스[숨은힘]며 더 많은 에네르게이아[하는힘]며 더 많은 엔텔레케이아[온힘]다. 그것은 더 많은 힘, 더 많은 에너지, 더 큰 뜻이다. 사물이 더 큰 뜻을 지닐수록 그것은 더 풍부한 본모습을 지닌다. 일단은 '풍부한 본모습'을 '뜻깊은 본모습'으로 이해하겠다. 사물의 본모습에 더 많은 뜻이나 더 깊은 뜻이 담길 수 있다. 스피노자는 속모습을 뜻매김하며 아마도 "실체가 더 뜻깊은 본모습을 가지려면 더 많은 속모습을 가져야 한다"고 가정한 듯하다. 나아가 그는 "사물이 더 많은 실재성을 가지면 그것은 더 뜻깊은 본모습을 갖고 사물이 더 뜻깊은 본모습을 가지면 그것은 더 많은 실재성을 갖는다"고 가정한다. 이 숨은 가정 덕분에 그는 속모습의 뜻매김으로부터 정리 I09가 또렷이 따라 나온다고 주장한다.

중세와 근세의 대부분 철학자는 "실재성"[레알리타스]이나 "있음"[에세]을 있고 없고의 문제가 아니라 정도의 문제로 여긴다. 한 사물은 더 적은 실재성을 갖고 다른 사물은 더 많은 실재성을 갖는다. 한 사물은 더 적은 있음을 갖고 다른 사물은 더 많은 있음을 갖는다. 이 같은 '실재성' 개념과 '있음' 개념은 우리에게 매우 낯설다. 이를 이해하는 한 가지 길은

"있다"의 이름씨꼴 '있음' 대신에 "이다"의 이름씨꼴 '임'을 생각하는 방법이다. 한 사물을 두고 "그것은 P다"고 말할 수 있는 'P'가 많을수록 그 사물은 더 많은 '임'을 갖는다. 한 사물을 두고 "그것은 P다"고 말할 수 있는 'P'가 적을수록 그 사물은 더 적은 '임'을 갖는다. 더 많은 '임'을 갖는 사물은 더 많은 있음을 갖고 더 적은 '임'을 갖는 사물은 더 적은 있음을 갖는다.

스피노자는 사물의 '있음' 또는 사물의 '임'이 마땅히 그 속모습을 거쳐 개념화되어야 한다고 주장한다. "각 있음엔스은 몇몇 속모습 아래서 개념화되어야 한다."[정리I10주석] 이를 "각 '임'은 몇몇 속모습 아래서 개념화되어야 한다"로 이해할 수도 있겠다. 라틴말 "에세"는 '있음'이나 '임'을 뜻하지만 "엔스"는 대체로 '있음'이나 '사물'을 뜻한다. 영역본은 "엔스"를 보통 "엔터티"entity나 "빙"being으로 옮긴다. "사물"이나 "씽"thing으로 옮기는 라틴말은 "레스"다. "엔스"의 말샘은 여전히 '있다/이다'이기에 우리는 이를 때때로 '임'으로 이해해도 된다. '인 것', '임', '속모습', '본모습', '겉모습' 따위도 '엔스'로 여길 수 있다. 아무튼 실체가 속모습을 더 많이 가질수록 그 실체는 더 많은 '임'을 가진 사물로 개념화된다. 스피노자의 '실재성의 정도' 개념이나 '있음의 정도' 개념은 아직 또렷하지 않다. '실재성'이 정도를 가진다면 우리는 낱말 "실재성"을 "존재도"나 "있음직함"으로 옮겨도 되겠다. 이 낱말을 사용해 정리 I09를 다시 쓰면 "각 사물은 있음직함이 클수록 더 많은 속모습을 갖는다."

라이프니츠의 개념에 따르면 하느님의 마음 안에는 온갖 사물이 있다. 하느님 마음 안에 있는 것은 나름의 실재성을 갖는다. 그것이 하느님 마음 안에 있다는 점에서 우리는 그것이 가능성으로 있다고 보아야 한다. 이 점에서 실재성은 일종의 가능성이다. 가능성이 큰 것은 많은 실재성을 갖고 가능성이 작은 것은 적은 실재성을 갖는다고 말할 수 있다. 하느님은 실재성이 가장 많은 것 또는 가능성이 가장 큰 것을 구현하고 실현한다. 세계 안 사물들은 나름의 질서와 관계를 맺는다. 이들 질서와 관계는 온갖 '임'들을 이루는데 실재성이 가장 많고 가능성이 가장 큰 세계는 최대한 많은 '임'들을 갖는 세계다. 따라서 있음직함이 가장 큰 세계는 사물들 사이에 가장 많은 질서가 있으며 서로 가장 많은 관계를 이루는 세계다. 라이프니츠에 따르면 있음직함이 가장 큰 세계가 실현되며 현존하며 바깥에 있다. 스피노자도 있음직함이 가장 큰 사물이 실현되고 현존한다고 생각할까?

우리는 한 속모습을 갖는 실체부터 끝없이 많은 속모

습을 갖는 실체까지를 생각할 수 있겠다. 정리 I10 주석에서 스피노자는 속모습을 더 많이 갖는 일을 사물의 강점으로 본다.

> "각 사물이 실재성이나 '임'을 더 많이 가질수록 그 사물은 필연성 곧 영원성 및 무한성을 표현하는 더 많은 속모습들을 갖는다."

나는 "엔스"를 "사물"로 옮기고 "에세"를 '임'으로 옮겼다. 스피노자는 정리 I09에서 "각 사물레스은 실재성이나 있음에세을 더 많이 가질수록 더 많은 속모습들이 거기에 속한다"라 썼는데 방금 인용한 정리 I10 주석에서는 낱말 "레스" 대신에 "엔스"를 썼다. 이를 보건대 스피노자에게 "레스"와 "엔스"는 서로 바꿀 수 있거나 그가 주도면밀하게 두 낱말을 쓰지 않은 모양이다.

나중에 말하겠지만 '필연성 곧 영원성 및 무한성'은 하느님한테 주는 본모습이다. 이를 X라 짧게 쓰겠다. "그 사물은 X를 표현하는 더 많은 속모습들을 갖는다"는 각 속모습이 제각기 X를 표현한다는 말인지 많은 속모습들이 함께 힘을 모아 X를 표현한다는 말인지 또렷하지 않다. 스피노자는 정의와 공리로부터 한 실체가 여러 속모습을 가짐을 증명하지는 않았다. 하지만 그는 실체가 갖는 속모습의 개수를 여러 실체의 실재성을 견주는 잣대로 여긴다. 속모습을 가장 많이 갖는 실체는 가장 큰 실재성을 갖는다. 가장 작은 실재성을 갖는 실체부터 가장 큰 실재성을 갖는 실체까지 줄 세운다면 이들은 모두 현존하는가? 가장 큰 실재성만 갖는 실체만 현존하는가? 놀랍게도 그는 "모든 실체는 현존한다", "모든 실체는 무한하다", "실체는 오직 하나밖에 없다"를 증명한다. 실체가 하나밖에 없다면 현존하는 실체는 하나밖에 없고 하느님도 하나밖에 없다.

0303. 실체들의 차이

일단 스피노자의 생각처럼 우리도 한 실체가 여러 속모습을 지닐 수 있음을 받아들이겠다. 아주 길게 돌아왔는데 이제 다시 정리 I04를 이야기한다.

> **정리 I04: 둘 또는 그 이상의 다른 사물들은 그 실체들의 속모습들 차이로 서로 구별되거나 그 실체들의 바꿂들 차이로 서로 구별된다.**

두 사물 ㄱ과 ㄴ을 생각하는데 이들은 실체거나 모습이다. 만일 사물 ㄱ과 사물 ㄴ이 모습이면 이들은 같은 실체의 다른 모습일 수 있고 다른 실체의 모습일 수 있다. 만일 두 사물이 같은 실체의 다른 모습이면 두 사물은 "그 실체의 바꿈들 차이로 서로 구별된다"고 말할 수 있다. 이들이 다른 실체의 모습이면 이들은 다른 실체 안에 있다. 이 경우 두 사물은 그 실체들의 차이로 서로 구별된다. 사물 ㄱ과 사물 ㄴ이 실체고 다르면 마찬가지로 이들은 실체들의 차이로 서로 구별된다. 실체들의 차이는 그 본모습들의 차이고 그 본모습들의 차이는 속모습들의 차이다. 두 사물이 그 실체들의 차이로 서로 구별된다면 "그 실체들의 속모습들 차이로 서로 구별된다"고 말할 수 있다. 이는 "두 사물이 적어도 한 속모습에서 차이가 있다면 이들은 서로 구별된다"를 뜻한다. 이것이 정리 I04가 말하는 바다.

똑같은 본모습을 갖거나 똑같은 속모습을 갖는 두 실체 가와 나를 생각한다. 물론 두 사물의 본모습이 똑같으면 그 됨됨이가 똑같고 그 됨됨이가 똑같으면 그 본모습도 똑같다. 이들이 똑같은 본모습을 갖는다면 이들은 똑같은 속모습들을 갖는다. 만일 실체 가와 실체 나가 똑같은 속모습들을 갖는다면 이들은 그 속모습들 차이로 서로 구별될 수 없다.

나는 "실체의 바꿈들"을 "실체의 모습들"이나 "실체의 겉모습들"로 이해한다. 정리 I04에 따르면 실체 가와 나는 그 속모습들 차이로 서로 구별되거나 그 겉모습들 차이로 서로 구별된다. 이미 이들은 그 속모습 차이로 서로 구별될 수 없다고 했기에 이들 실체는 그 겉모습 차이로 서로 구별되어야 한다. 하지만 두 실체가 그 속모습들이 서로 같은데 그 겉모습 차이로 서로 구별된다면 이는 실체의 정의 및 정리 I01과 어긋난다.

정리 I01에 따르면 겉모습보다 실체가 앞선다. 실체의 뜻매김에 따르면 지성은 겉모습을 참조하지 않고 그 자체로 개념화된다. 지성이 사물을 개념화할 때 그 개념과 사물이 일치하지 않으면 우리는 그 사물을 제대로 개념화하지 않았다. 이는 공리 I06의 내용이다.

공리 I06: 참인 관념은 그 관념 대상과 맞아야 한다.

여기서 "관념 대상"에 해당하는 라틴 낱말은 "이데아토" 또는 "이데아툼"이다. "맞다"로 옮긴 라틴 낱말은 "콘베니레" 또는 "콘베니오"인데 본디 '함께 가다'를 뜻한다. 이는 "부합하다"나 "일치하다"로 옮길 만하다.

공리 I06은 스피노자의 인식론과 심리철학에서 고갱이 노릇을 하는 명제다. 지금은 우리가 이 주제를 다룰 때가 아니다. 다만 낱말 "이데아툼"과 "오브젝툼"의 헷갈림을 미리 말해 놓겠다. "오브젝툼"은 보통 "대상"이나 "객체"로 옮긴다. "오브젝툼"은 '지성, 마음, 관념 바깥에 실재하는 사물'을 뜻하는 말로 흔히 쓴다. 철학 텍스트에서 "관념"과 "대상"은 매우 헷갈리는 말이다. 왜냐하면 몇몇 근대 철학자에게 마음 안에 놓인 마음의 대상은 곧 관념이기 때문이다. 그들에게 "관념"은 '마음이 관계하는 마음의 대상'을 뜻한다. 초기 근대 철학 텍스트에 나오는 낱말 "관념"은 독일 텍스트에서 '마음 앞에 있는 것'으로 번역된다. 이 점에서 표현 "오브젝툼"보다는 표현 "이데아툼"이 공리 I06의 내용을 드러내는 데 더 잘 어울린다. 한편 스피노자는 제2부에서 "관념"을 다소 야릇하게 뜻매김한다. "관념은 마음이 맺는형성하는 마음의 개념작용이다."정의II03 '관념'은 개념화의 결과로서 '개념'이라기보다 '개념작용'이나 '개념화' 자체다. 그에게 '관념'은 활동성이나 능동성을 갖는다.

만일 우리가 그 속모습이 같은 두 실체가 그 겉모습 차이로 서로 구별된다고 생각한다면 두 실체를 잘못 개념화하는 일이다. 제대로 개념화했다면 그 속모습이 같은 두 실체가 그 겉모습 차이로 서로 구별될 수는 없다. 이는 똑같은 본모습을 갖는 두 실체, 똑같은 됨됨이를 갖는 두 실체, 똑같은 속모습들을 갖는 두 실체가 있다는 애초의 가정이 잘못되었음을 뜻한다. 이로써 우리는 다음 정리를 얻는다.

정리 I05: 똑같은 됨됨이나 속모습을 갖는 둘 이상의 실체가 세계에 있을 수는 없다.

이 정리에서 "세계에"에 해당하는 라틴말 표현은 "인 레룸 나투라"다. 낱말 그대로 옮기면 '사물들의 됨됨이에는'이나 '사물들의 본성상'을 뜻하는데 강영계는 이를 "사물의 본성 안에는"으로 옮겼다. 스피노자는 "나투라"를 '전체 존재'를 뜻하는 말로 쓰기에 "인 레룸 나투라"는 '사물들의 전체에'로 옮길 수 있다. 이 때문에 영역본은 대체로 이를 "우주에"나 "자연에"로 옮긴다. 파킨슨은 "똑같은 됨됨이나 속모습"을 "똑같은 됨됨이 곧 똑같은 속모습"으로 더 또렷하게 풀어 옮겼다.

가정컨대 실체 가와 실체 나는 다른 속모습을 갖는다. 만일 이들이 각각 오직 한 속모습만 갖는다면 정의 I04에 따라 이들은 다른 본모습을 갖는다. 정의 I03에 따라 실체 가는 실체 가만으로 또는 실체 가의 본모습만으로 개념화된다. 마찬가지로 실체 나는 실체 나만으로 또는 실체 나의 본모습만으로 개념화된다. 이들 본모습은 다르기에 한쪽의 개념은 다른 쪽의 개념 일부를 포함하지 않는다. 공리 I05는 "한쪽의 개념이 다른 쪽의 개념 일부를 포함하지 않는다면 이들은 서로 공통점을 갖지 않는다"고 말하지 않는다. 우리는 "한쪽 개념과 다른 쪽 개념 사이에 공통점이 없다면 이들은 서로 공통점을 갖지 않는다"고 추가로 가정해야 할 듯하다. 이를 가정한다면 실체 가와 실체 나는 서로 공통점을 갖지 않는다.

실체 가와 실체 나가 각각 여러 속모습을 갖는다고 가정한다. 이들이 다른 속모습을 가지는 경우는 크게 두 가지다. (i) 모든 속모습이 서로 다르다. 이 경우 실체 가의 본모습과 실체 나의 본모습은 아예 다르다. 실체 가의 개념과 실체 나의 개념 사이에 공통점은 없다. "한쪽 개념과 다른 쪽 개념 사이에 공통점이 없다면 이들은 서로 공통점을 갖지 않는다"고 가정하면 실체 가와 실체 나는 서로 공통점을 갖지 않는다. (ii) 적어도 한 속모습이 다르지만 적어도 한 속모습은 같다. 이들이 함께 갖는 속모습을 A라 하겠다. 이 경우에도 실체 가의 본모습과 실체 나의 본모습은 다르다. 하지만 속모습 A가 이들 본모습의 일부를 이루기에 우리는 실체 가의 개념과 실체 나의 개념 사이에 공통점이 없다고 말하기 어렵다.

매우 놀랍게도 스피노자는 이 경우에도 실체 가의 개념과 실체 나의 개념 사이에 공통점이 없다고 주장한다. 이것이 정리 I02의 내용이다.

정리 I02: 서로 다른 속모습들을 가진 두 실체는 서로 아무 공통점도 갖지 않는다.

스피노자는 이 정리가 실체와 속모습의 뜻매김으로부터 곧바로 밝혀진다고 주장한다. 그의 생각 방식은 이렇다. "각 실체는 제 안에 있고 저 자신을 거쳐 개념화되어야 한다. 따라서 한 실체의 개념 안에는 다른 실체의 개념이 담기지 않아야 한다." 정리 I02에 따르면 만일 한 실체가 속모습 A를 갖는다면 다른 실체는 속모습 A를 가질 수 없다. 하지만 우리는 실체와 속모습의 뜻매김으로부터 "만일 한 실체가 속모습 A를 갖는다면 다른 실체는 속모습 A를 가질 수 없다"를 추론할 수 없다.

스피노자는 우리가 아직 파악하지 못한 개념을 바탕으

로 정리 I02를 추론했다. 그것은 무엇인가? 그것은 아마 본모습과 속모습 사이의 관계일 테다. 이 관계는 속모습의 뜻매김 안에 이미 가정되었다. 우리는 스피노자의 이 숨은 가정을 들추어야 한다. 그는 실체와 속모습의 뜻매김으로부터 정리 I10 "한 실체의 각 속모습은 저 자신을 거쳐 개념화된다"가 따라 나온다고 주장한다. 이미 말했듯 스피노자는 이를 주장하면서 "만일 한 속모습이 한 실체의 본모습을 나타내면 그 속모습 없이 그 본모습도 없다"를 가정한다. 이 가정은 속모습의 뜻매김을 이루는 별도의 명제다. 나아가 스피노자는 다음을 가정하는 듯하다.

> 숨은 가정: 만일 한 속모습이 한 실체의 본모습을 이루면 이 속모습은 다른 실체의 본모습을 이룰 수 없다.

나는 이 가정도 속모습의 뜻매김을 이루는 별도의 명제로 여기겠다.

물론 스피노자는 이 숨은 가정이 실체, 속모습, 본모습의 뜻매김으로부터 따라 나온다고 주장할 테다. 보기를 들어 '가장 똑똑한 철학자임'이 클라라의 본모습을 이룬다고 생각해보라. 만일 클라라가 실체면 클라라는 오직 클라라 저 자신을 거쳐서만 개념화되어야 한다. "클라라는 가장 똑똑한 철학자다"는 클라라의 본모습을 표현한다. "클라라는 가장 똑똑한 철학자다"는 클라라 말고 다른 무엇을 거쳐 생각될 수 없다. 달리 말해 '가장 똑똑한 철학자임' 자체는 오직 클라라 저 자신을 거쳐 개념화되어야 한다. 클라라 말고 다른 실체 카리나를 두고 "카리나는 가장 똑똑한 철학자다"며 그의 본모습을 표현할 수는 없다. 그렇게 표현하는 일은 '가장 똑똑한 철학자임'이 오직 클라라 저 자신을 거쳐 개념화되어야 한다는 애초 가정과 어긋난다. 따라서 '가장 똑똑한 철학자임'이 클라라의 본모습을 이룬다면 '가장 똑똑한 철학자임'은 다른 실체의 본모습을 이룰 수 없다.

0304. 개념화의 방법

스피노자의 개념들에서 실체, 그 본모습, 그 속모습 사이에 관계는 다소 헷갈리고 흐릿하다. 일단 우리는 '실체'와 '그 본모습'을 하나로 여길 수 있다. 스피노자가 '관념'과 '그 대상'의 일치를 이야기했듯 우리는 '실체의 관념'과 '실체'의 일치를 이야기할 수 있다. 이때 '실체의 관념'에 해당하는 것은 '실체의 본모습'이다. 물론 낱말 "관념" 대신에 "개념"을 써도 된다. '실체'는 존재론의 대상이고 '실체의 본모습'은 인식론의 대상이다. 우리는 한 실체와 오직 그 실체만이 가진 본모습을 대응시킴으로써 '실체'와 '그 본모습'을 하나의 사물로 여길 수 있다. 표현 "실체의 본모습"과 표현 "실체"는 뜻의 차원에서 다소 차이가 있겠지만 두 표현은 똑같은 사물을 가리킨다고 볼 수 있다. 이제 남은 것은 '실체의 속모습'이다. 한 실체가 여러 속모습을 갖는다면 "실체"와 "그 속모습"은 똑같은 것을 가리킬 수 없다. 왜냐하면 한 실체는 한 개지만 그 실체의 속모습들은 여러 개이기 때문이다.

스피노자에 따르면 한 실체의 각 속모습은 그 실체의 본모습을 나타낸다. 그에 따르면 한 실체의 각 속모습은 말하자면 일종의 표현이다. 실체 알파의 속모습 A와 속모습 B는 서로 다른 표현이다. 이제 나는 프레게1848-1925의 '뜻' 개념을 빌리겠다. 표현은 두 가지 노릇을 한다. 하나는 사물을 가리킨다. 다른 하나는 뜻을 나타낸다. 표현은 뜻을 나타냄으로써 사물을 가리킨다. 프레게에 따르면 뜻은 사물이 지성에게 주어지는 방식이다. 표현의 뜻은 그 표현이 가리키는 사물을 아는 방식이며 그 사물을 개념화하는 방식이다. 표현의 뜻을 아는 이는 세계 안에서 그 표현의 지시 대상을 정확히 하나 골라낼 수 있다.

표현 "샛별"은 모종의 뜻을 갖는다. 이 뜻은 나름의 방식으로 금성을 개념화한다. 그 뜻을 아는 이는 이 세계에서 태양계 둘째 행성을 정확히 골라낸다. 표현 "개밥바라기"는 모종의 뜻을 갖는다. 이 뜻은 나름의 방식으로 금성을 개념화한다. 그 뜻을 아는 이는 이 세계에서 태양계 둘째 행성을 정확히 골라낸다. "샛별"의 뜻과 "개밥바라기"의 뜻은 다르며 둘은 별도의 개념이며 제 홀로 개념화된다. 이 뜻들은 금성이 지성에 주어지는 두 방식이며 금성을 개념화하는 두 방식이다. 하지만 만일 한 사물이 '샛별'로 개념화된다면 다른 사물은 '샛별'로 개념화될 수 없다. 만일 한 사물이 '개밥바라기'로 개념화된다면 다른 사물은 '개밥바라기'로 개념화될 수 없다. '샛별'과 '개밥바라기'는 각각 금성의 본모습을 이루며 그 본모습을 나타낸다.

한 실체의 각 속모습이 표현이면 각 속모습은 제각기 다른 뜻을 나타낸다. 표현과 그 뜻은 다른데 차라리 속모습은 표현이라기보다 오히려 뜻에 가깝다. 이제 나는 실체의 속모습을 그 실체를 개념화하는 '방법'으로 이해하겠다. 여태 쓰던 표현 "방식"을 여기서 갑자기 "방법"으로 바꾼 까닭은 스피노자에게 표현 "방식"은 표현 "모습"양태에 대응되기 때문이다. 우리에게 "방법"은 '인식의 방법'이지 '상상의 방법'은 아니다. 나는 "그 실체의 본모습을 나타낸다"를 "그 실체를 개념화하는 방법이다"로 바꾼다.

한 실체의 각 속모습은 그 실체를 개념화하는 방법이다.

한 실체의 각 속모습은 각기 다른 방법으로 그 실체를 개념화한다. 한 실체의 속모습 A는 그 실체를 나름의 방법으로 개념화하고 그 실체의 다른 속모습 B는 그 실체를 다른 방법으로 개념화한다. 속모습 A와 속모습 B는 다른 개념이며 제홀로 개념화된다. 이들은 제각기 한 실체의 본모습을 이루며 그 본모습을 나타낸다.

우리는 아직 스피노자의 '속모습' 개념을 완전히 파악하지는 못했다. 그의 이론이 완전한 이론이 아니듯 그의 개념도 완전하지 않다. 어느 정도 헷갈리고 어느 정도 흐릿하다. 정리 I02 "서로 다른 속모습들을 가진 두 실체는 서로 아무 공통점도 갖지 않는다"를 더 잘 헤아리려면 우리가 더 많이 애써야 할지 모르겠다. 넉넉하지는 않겠지만 나는 이 정리를 속모습을 뜻매김하는 별도 명제로 여기는 데서 일단 멈추겠다. 스피노자는 정리 I02를 써서 한 실체와 다른 실체 사이에 아무 공통점도 없음을 증명한다. 그다음 정리 I05를 써서 한 실체와 다른 실체 사이에 인과 관계가 성립할 수 없음을 증명한다. 이는 모든 실체가 저 자신을 스스로 생성해야 함을 뜻한다. 말하자면 모든 실체는 자기 원인이다.

04.

실체는 하나밖에 없다

실체는 다른 사물로부터 나올 수 없다. 사물을 헷갈리게 판단하고 여태 사물의 으뜸 원인을 거쳐 사물을 알아가지 않았던 사람은 자연 사물들이 처음을 갖듯 실체도 처음을 갖는다고 잘못 생각한다. 누군가 실체는 창조된다고 주장한다면 동시에 그는 거짓 관념이 참된 관념이라고 주장하는 셈이다. 모든 실체는 반드시 무한하다. 모든 실체는 쪼개질 수 없다. 세계에는 오직 한 실체만 있으며 그것은 절대 무한하다.

정리 I05는 "똑같은 속모습을 갖는 둘 이상의 실체가 세계에 있을 수 없다"고 말한다. 정리 I02는 "서로 다른 속모습들을 가진 두 실체는 서로 아무 공통점도 갖지 않는다"고 말하고 정리 I03는 "서로 공통점을 갖지 않는 두 사물은 한쪽이 다른 쪽의 원인일 수 없다"고 말한다. 이는 한 실체와 다른 실체 사이에 인과 관계가 성립할 수 없음을 뜻한다. 따라서 모든 실체는 저 자신을 스스로 생성해야 하며 모든 실체는 자기 원인이다. 이로부터 스피노자는 모든 실체가 현존하며 모든 실체가 무한함을 증명한다. 이것은 오직 한 실체밖에 없음을 뜻하며 나아가 그 한 실체가 하느님임을 뜻한다.

0401. 실체는 현존한다

두 실체 가와 나를 생각한다. 정리 I05에 따르면 두 실체는 같은 속모습을 가질 수 없다. 이 때문에 실체 가와 실체 나는 몇몇 속모습에서 다르다. 정리 I02에 따르면 실체 가와 실체 나는 공통점을 아예 갖지 않는다. 정리 I03에 따르면 실체 가는 실체 나의 원인일 수 없고 실체 나는 실체 가의 원인일 수 없다. "가는 나의 원인이다"는 "가는 나를 일으킨다", "가는 나를 생기게 한다", "가는 나를 생성한다", "가는 나를 산출한다", "가는 나를 낳는다", "가는 나를 있게 한다"를 뜻한다. "실체 가는 실체 나의 원인일 수 없고 실체 나는 실체 가의 원인일 수 없다"는 "실체 가는 실체 나를 생성할 수 없고 실체 나는 실체 가를 생성할 수 없다"를 뜻한다.

정리 I05, 정리 I03, 정리 I02에 따르면 실체들은 서로 인과 관계를 맺을 수 없다. 이것이 정리 I06의 내용이다.

정리 I06: 한 실체는 다른 실체로부터 나올 수 없다.

내가 "나오다"로 옮긴 라틴말은 "프로두코"다. "프로"는 '앞으로', '앞쪽으로', '열린 곳으로', '밖으로', '그 자리에'를 뜻하고 "두코"는 '이끌다'나 '당기다'를 뜻한다. "프로두코"를 말샘어원 그대로 풀면 '열린 그 자리로 이끌어 있게 하다'를 뜻한다. 우리말에서 "내다"는 '안에서 밖으로 나오게 하다', '밖으로 드러나게 하다', '생기게 하다'를 뜻하고 "나다"는 '나타나다', '생기다', '태어나다', '드러나다'를 뜻한다.

이른바 "따름정리"는 주어진 정리로부터 곧바로 따라 나오는 결론이다. 이는 라틴말로 "코롤라리움"인데 처음에는 '선물'이나 '팁'을 뜻했다. "코롤라리움"에서 "코롤라"는 '화관'이나 '화환'을 뜻한다. 정리 I06으로부터 다음 따름정리를 곧바로 얻는다.

정리 I06의 따름정리: 실체는 다른 것한테서 나올 수 없다.

만일 실체가 다른 무엇으로부터 나온다면 그것은 있는 것으로부터 나와야 한다. 공리 I01, 정의 I03, 정의 I05에 따르면 있는 것은 실체거나 모습이다. 실체는 다른 실체로부터 나오거나 다른 모습으로부터 나온다. 실체는 모습에 앞서기에 실체가 모습으로부터 나올 수는 없다. 정리 I06에 따르면 실체는 다른 실체로부터 나올 수 없다. 따라서 실체는 다른 실체든 다른 모습이든 다른 것한테서 나올 수 없다.

스피노자는 정리 I06을 부정하면 모순이 생긴다고 주장한다. 그의 말이 맞는지 알아보려고 "실체 가는 실체 나로부터 나온다"고 가정한다. 이것은 실체 나가 실체 가의 원인임을 뜻한다. 공리 I04에 따르면 "결과에 대한 앎은 그 원인에 대한 앎을 품으며 이 앎에 기댄다." 결과로서 실체 가에 대한 앎은 그 원인으로서 실체 나에 대한 앎에 의존한다. 이는 실체 가의 개념이 실체 나의 개념에 의존함을 뜻한다. 하지만 사물 가는 실체이기에 이것은 저 스스로 개념화되어야 한다. 실체 가의 개념이 실체 나의 개념에 의존할 리 없다.

이처럼 가정 "실체 가는 실체 나로부터 나온다"는 모순을 빚는다. 스피노자의 방금 이 증명은 공리 I04와 정의 I03만을 써서 정리 I06을 증명한다.

"나는 생각한다"는 저 스스로 참이다. 나는 이것을 거짓이라 생각할 수 없다. 내가 이것을 거짓이라 생각하자마자 "나는 생각한다"가 저절로 참임이 드러난다. 데카르트가 이미 드러냈듯 내가 생각한다면 이로부터 "나는 있다"가 곧장 참임이 따라 나온다. 데카르트에 따르면 나는 생각하는 사물로 있다. 나는 다른 누군가의 생각 속에 있다기보다 그의 생각을 벗어나 있다. 이 때문에 "나는 있다"를 "나는 현존한다"로 이해할 수 있다. 내가 현존한다면 "무엇인가 현존한다"도 참이다. 우리는 "무엇인가 현존한다"로부터 스피노자의 추론을 이어가겠다. 무엇인가 현존한다면 그것은 있다. 그것이 있다면, 공리 I01, 정의 I03, 정의 I05에 따라, 그것은 실체거나 모습이다. 만일 그 무엇이 실체면 실체는 현존한다. 만일 그 무엇이 모습이면 정의 I05에 따라 그것은 실체의 모습이다. 만일 실체의 모습이 현존한다면 실체도 현존한다. 현존하는 무엇이 실체든 모습이든 "실체는 현존한다"가 반드시 따라 나온다.

"실체는 현존한다"는 "적어도 한 실체가 현존한다"를

뜻한다. 현존하는 어느 한 실체를 "알파"라 하겠다. 공리 I03에 따르면 "결정하는 원인이 없으면 그로부터 결과가 뒤따를 수 없다." 알파를 낳는 원인이 없다면 알파는 결코 생길 수 없다. 만일 알파가 현존한다면 알파를 내는 원인이 있어야 한다. 정리 I06과 그 따름정리에 따르면 알파는 다른 실체든 다른 모습이든 이들로부터 나올 수 없다. 알파를 낳는 원인이 있어야 한다면 그 원인은 오직 알파 자신이다. 이는 알파에만 해당되지 않는다. 그것이 무슨 실체든 그것을 낳는 원인은 자기 자신밖에 없다. 모든 실체는 자기가 자신의 원인이며 말하자면 "자기 원인"이다.

0402. 자기 원인

중세의 표현 방식에 따르면 '자기 원인'은 본질상 현존하는 것이며 본성상 현존하는 것이다. 나는 "본질"에센티아을 "본모습"으로 옮기고 "본성"나투라을 "됨됨이"로 옮긴다. "됨됨이"는 "본모습"과 뜻이 거의 같다. "본디"는 '본모습에 따라'나 '됨됨이에 따라'를 뜻한다. 자기 원인은 본디 현존한다. "X는 본디 현존한다"는 달리 "X의 본모습에 현존이 담겼다"나 "현존 없이는 X의 됨됨이를 생각할 수 없다"고 표현된다. 스피노자는 "자기 원인" 또는 "자기 원인인 것"을 이 표현을 써서 뜻매김한다.

정의 I01: 자기 원인은 그 본모습에 현존이 담긴 것 또는 현존 없이는 그 됨됨이를 생각할 수 없는 것이다.

"그 됨됨이를 개념화할 수 없다"를 여기서는 "그 됨됨이를 생각할 수 없다"로 바꾸었다. 모든 실체가 자기 원인이면 실체는 본디 현존한다. 달리 말해 실체의 본모습에 현존이 담겼다. 모든 실체가 자기 원인이면 '현존하지 않는 실체'는 결코 개념화될 수 없다. 실체의 됨됨이를 생각하다 보면 "실체는 현존한다"가 반드시 따라 나온다.

정리 I07: 실체의 됨됨이에 현존이 속한다.

달리 말해 '현존함'은 실체의 본모습이나 됨됨이를 이룬다. 실체는 본디 현존한다.

스피노자는 정리 I08의 주석에서 정리 I07을 다음처럼 해설한다.

> "사물을 헷갈리게 판단하고 여태 사물의 으뜸 원인을 거쳐 사물을 알아가지 않았던 모든 사람은 정리 7의 증명을 헤아리기 어렵다. 그들은 실체 자체와 그 실체의 바꿈을 분간하지 않으며 사물들이 어떻게 생성되는지를 모른다. 이 때문에 그들은 자연 사물들이 처음을 갖듯 실체도 처음을 갖는다고 잘못 생각한다."

내가 "바꿈"으로 옮긴 낱말은 여기서 "아펙티오"가 아니라 "모디피카티오"다. 스피노자가 볼 때 "실체는 스스로 현존한다"는 실체의 뜻매김으로부터 따라 나온다. 그에게 "실체는 스스로 현존한다"는 반드시 참말이며 필연 진실이고 "영원한 진실"이다. 반면 "실체는 다른 무엇 덕분에 창조된다"는 반드시 거짓말이다.

> "누군가 실체는 창조된다고 주장한다면 동시에 그는 거짓 관념이 참된 관념이 되었다고 주장하는 셈이다."
> 정리108주석

하지만 우리가 사물을 그 뜻매김, 그 본모습, 그 됨됨이에 따라 생각한다면 정리 107은 거의 공리 수준으로 명백하다.

"이 정리는 모든 사람에게 공리며 공통 개념들 가운데 하나로 꼽힐 테다."같은곳 그는 "공리"를 때때로 "공통 개념"으로 달리 표현한다. 새뮤얼 셜리는 이 구절의 "공통 개념"을 "널리 받아들여진 뻔한 참말"로 길게 옮긴다. 유클리드가 자신의 기하학 원론에서 "공리"에 해당하는 말로 쓴 그리스 낱말은 "코이네 엔노이아"인데 "공통 개념"으로 옮길 수 있다. 스피노자의 용례에 따르면 공통 개념은 널리 받아들여지고 반드시 자명한 진실인데 모든 공리가 공통 개념이지는 않다.

모습이나 바꿈은 제 홀로 있지 않으며 본디 다른 것 안에 있다. 한 모습이 사물이고 그것이 본모습을 지닌다면 그 본모습 안에는 현존이 담기지 않는다. 스피노자는 이미 다음을 공리로 삼았다.

> **공리 107: 현존하지 않도록 개념화될 수 있는 사물은 그 본모습 안에 현존이 담기지 않는다.**

만일 한 사물이 현존하지 않도록 개념화될 수 있다면 그 사물은 본디 현존한다고 말할 수 없다. 물론 한 사물이 본디 현존하지는 않더라도 그것은 다른 사물의 도움으로 현존할 수 있다. 실체의 한 모습은 그 실체 덕분에 반드시 현존할 수밖에 없겠지만 이를 두고 본디 현존한다고는 말하지 않는다.

나아가 모습이나 바꿈이 우리 마음 바깥에 현존하지 않더라도 우리 마음은 그 본모습과 됨됨이에 따라 바꿈을 개념화할 수 있다. 이 때문에 "우리는 현존하지 않는 바꿈에 대한 참된 관념을 가질 수 있다."[정리I08주석] 하지만 실체를 그 현존 없이 생각한다면 그 생각은 흐릿하거나 헷갈린 생각이다. 현존 없이 지성 안에 생긴 실체의 관념은 참된 관념일 수 없다. "만일 누군가 자기는 실체에 대해 밝고 두드러진 관념 곧 참된 관념을 가짐에도 그 실체의 현존을 의심한다고 말한다면 이것은 마치 자신이 참된 관념을 가짐에도 그것이 거짓일지 모른다고 의심된다고 말하는 일과 똑같다."[같은곳]

정리 I05에 따르면 같은 됨됨이[본성] 또는 같은 본모습[본질]을 갖는 두 실체는 없다. 또는 같은 본모습을 갖는 실체는 하나밖에 없다. 스피노자는 이 정리를 정리 I07을 바탕으로 달리 증명한다. 이 증명에 앞서 그는 정리 I08 주석에서 다음을 주장한다.

(i) "각 사물의 참된 뜻매김[정의]은 뜻매김된 그 사물의 됨됨이 말고 다른 것을 담지도 표현하지도 않는다."

(ii) "모든 뜻매김은 개체들의 특정 개수를 담지도 표현

하지도 않는다." (iii) "현존하는 각 사물에는 그 현존의 이유가 되는 특정 원인이 반드시 있다." (iv) "한 사물이 현존하는 이유를 주는 그 원인은 현존하는 그 사물의 바로 그 됨됨이와 뜻매김 안에 담기거나 그 사물 바깥에 있어야 한다."

한 사물의 현존 원인이 그 사물의 됨됨이 안에 담긴다는 말은 그 사물이 본디 현존한다는 말이다. (i)부터 (iv)까지를 보건대 "만일 세계 안에 개체들의 특정 개수가 현존한다면 더도 아니고 덜도 아니고 왜 딱 그만큼의 개체들이 현존하는지 그 이유를 주는 원인이 반드시 있어야 한다."정리108주석

만일 세계 안에 지금 현존하는 개별 사람이 모두 20명밖에 없다면 딱 20명의 개별 사람만 현존하는 까닭을 설명할 원인이 있어야 한다. 하지만 (ii)에 따르면 20명의 수는 '사람'의 됨됨이 · 본모습 · 뜻매김 안에 담기지 않는다. 따라서 딱 20명의 개별 사람만 현존하는 까닭을 설명할 원인은 '사람'의 됨됨이 본모습 뜻매김 안에 담기지 않는다. 그 원인은 개별 사람의 됨됨이나 본모습 안에도 담기지 않는다. 따라서 (iv)에 따르면 그 원인은 개별 사람 바깥에 있다. 마찬가지로 똑같은 본모습을 갖는 N개의 개체가 현존한다면 오

직 N개만 현존하는 까닭을 설명하는 원인은 이들 개체 안에 없고 이들 갈래의 됨됨이나 뜻매김 안에도 없다. 그 원인은 이들 개체 바깥에 있다. 스피노자는 정리 I08 주석에서 다음 중간 결론을 얻는다.

> "여러 개별 사례들이 현존할 수 있는 됨됨이를 가진 모든 것은 반드시 그 현존의 원인이 바깥에 있어야 한다."

달리 말해 만일 같은 됨됨이를 갖는 개체가 여럿 현존할 수 있다면 이들 개체의 현존 원인은 이들 개체 안에도 그 됨됨이 안에도 있지 않으며 다만 이들 개체 바깥에 있다.

방금 얻은 중간 결론은 실체의 경우에도 성립해야 한다. 따라서 만일 같은 됨됨이를 갖는 실체가 여럿 현존할 수 있다면 이들 실체의 현존 원인은 그 됨됨이 안에 있지 않으며 이들 실체 바깥에 있다. 하지만 이미 증명했듯 실체는 그 됨됨이 안에 그 현존이 담겼다. 곧 실체의 현존 원인은 그 사물의 됨됨이 안에 담긴다. 실체의 현존 원인은 실체의 바깥에 있지 않다. 이는 실체의 됨됨이가 여러 개별 사례들이 현존할 수 있는 됨됨이가 아님을 뜻한다. 따라서 같은 됨됨이를 갖는 실체가 여럿 현존할 수는 없다. 같은 됨됨이를 갖는 실체는 하나밖에 없고 바로 그 하나의 실체가 자신의 현존을 설명하는 유일한 원인이다.

0403. 실체의 무한성

실체가 현존한다면 그것은 유한하게 현존하거나 무한하게 현존한다. 우리가 보통 말하는 "유한함"은 '자신이 속한 갈래 안에서 유한함'을 뜻한다. 스피노자는 "유한하다"를 다음처럼 뜻매김한다.

> **정의 102: 한 사물이 같은 됨됨이를 가진 다른 사물로 금그어질 수 있다면 그 사물은 '자기 갈래 안에서 유한'하다.**

스피노자는 이 뜻매김에서 "유한하다" 다음에 표현 "고 말해진다"나 "고 일컫는다"를 썼다. 나는 군더더기라 생각해 이를 지웠다. "금긋다"는 '테두리짓다', '한계짓다', '한정하다', '제한하다'를 뜻한다. "금"은 '그 안으로 들어가지 못하도록 긋는 줄'이다. "테"나 "테두리"는 '어그러지거나 깨지지 아니하도록 그릇 따위의 몸을 둘러맨 줄'이나 '돌아가며

죽 둘린 둘레'다. 스피노자가 쓴 낱말은 "테르미노"다. 이 낱말의 말샘은 "테르믄"이며 '끝', '가장자리', '금', '테', '경계', '한계'를 뜻한다.

한 사물이 유한하다면 그 사물을 테두리짓고 금긋는 '금', '테', '끝', '한계'가 있다. 우리말 "그지"는 '금', '테', '끝', '한계'를 뜻한다. "그지없다"나 "끝없다"는 "무한하다"의 터박이말이다. 거의 쓰지 않는 낱말이지만 나는 "그지있다"나 "끝있다"를 "유한하다"의 터박이말로 삼겠다. 스피노자에 따르면 "유한함"은 '자신이 속한 갈래 안에서 유한함'이다. 이것은 '자신이 속한 갈래 바깥에서 유한함'이 따로 있음을 뜻하지 않는다. 한 사물이 유한하다면 그것은 언제나 자신의 갈래 안에서 유한하다. 하지만 '무한함'에는 두 가지가 있다. 하나는 '자신이 속한 갈래 안에서 무한함'이고 다른 하나는 '갈래에 관계하지 않고 절대로 무한함'이다. "절대로"는 '다른 것에 관계하지 않고'를 뜻한다.

두 사물이 같은 됨됨이를 가졌다면 이들은 같은 본모습을 가졌다. 두 사물이 같은 본모습을 가졌다면 이들은 같은 속모습을 갖는다. 속모습 퍼짐은 속모습 생각을 금긋지 못하고 속모습 생각은 속모습 퍼짐을 금긋지 못한다. 스피노자는 정의 I02에서 다음처럼 부연 설명한다.

"한 물체는 한 생각으로 금그어지지 않고 한 생각은 한 물체로 금그어지지 않는다."

생각하는 사물은 퍼진 사물의 제한을 받지 않으며 퍼진 사물은 생각하는 사물의 제한을 받지 않는다. 다만 생각하는 사물은 다른 생각하는 사물로 금그어질 수 있고 퍼진 사물은 다른 퍼진 사물로 금그어질 수 있다.

생각하는 사물로서 마음은 유한하거나 무한하다. 만일 다른 마음이 그 마음을 금긋는다면 그 마음은 유한하다. 이 때문에 유한한 마음은 언제나 생각의 갈래 안에서 유한하다. 만일 생각하는 한 사물이 같은 속모습을 가진 다른 사물로 금그어진다면 정의 I02에 따라 그 사물은 생각의 갈래 안에서 유한하다. 마찬가지로 퍼진 사물로서 물체는 유한하거나 무한하다. 만일 다른 물체가 그 물체를 금긋는다면 그 물체는 유한하다. 이 때문에 유한한 물체는 언제나 퍼짐의 갈래 안에서 유한하다. 만일 퍼진 한 사물이 같은 속모습을 가진 다른 사물로 금그어진다면 정의 I02에 따라 그 사물은 퍼짐의 갈래 안에서 유한하다. 보기를 들어 한 물체 ㄱ은 다른 물체 ㄴ보다 부피가 더 작고 물체 ㄷ보다 부피가 더 크다. 물체 ㄱ의 부피는 물체 ㄴ의 부피와 물체 ㄷ의 부피로 금그어지고 테두리지어진다. 보통의 물체는 부피에서 유한하다. 물체는 부피를 가진 사물들 안에서 유한하다. 부피를 가진 물체는 속모습 퍼짐의 한 모습이다. 물체는 퍼짐의 갈래 안에서 유한한 셈이다. 한 물체는 부피를 끝없이 가질 수 있는가? 한 물체가 부피를 끝없이 갖는다면 그 물체는 퍼짐의 갈래 안에서 무한하다.

정리 I05에 따르면 같은 됨됨이, 같은 본모습, 같은 속모습을 갖는 실체는 하나밖에 없다. 정리 I07에 따르면 그 실체는 본디 현존한다. 결국 같은 됨됨이, 같은 본모습, 같은 속모습을 가지면서 현존하는 실체는 하나밖에 없다. 속모습 퍼짐을 갖는 실체 또는 퍼진 실체는 오직 하나만 현존한다. 이 실체는 유한하거나 무한하다. 만일 이 실체가 유한하다면 같은 갈래에 속하는 다른 퍼진 실체로 금그어진다. 이는 만일 한 퍼진 실체가 유한하다면 다른 퍼진 실체가 현존해야 함을 뜻한다. 곧 한 퍼진 실체가 유한하다면 여러 퍼진 실체가 현존해야 한다. 하지만 여러 퍼진 실체가 현존할 수는 없다. 따라서 퍼진 실체는 유한할 수 없으며 무한하다. 마찬가지로 속모습 생각을 갖는 실체 또는 생각하는 실체는 오직 하나만 현존한다. 만일 이 실체가 유한하다면 같은 갈래에 속하는 다른 생각하는 실체로 금그어진다. 하지만 다른 생각하는 실체가 현존할 수 없기에 그 실체는 유한할 수 없다. 따라서 생각하는 실체는 무한하다. 한 실체가 무슨 속모습을 갖든 이 실체는 같은 속모습을 갖는 다른 실체로 금그어질 수 없다. 이 실체는 자신의 갈래 안에서 유한할 수 없으며 무한할 수밖에 없다. 따라서

정리 108: 모든 실체는 반드시 무한하다.

"반드시"는 보통 "필연적으로"나 "필연으로"으로 옮긴다. 무슨 실체든 그것을 테두리짓는 금은 없다. 모든 실체는 끝이 없고 그지없다.

0404. 절대 무한

우리는 실체와 속모습의 정의로부터 다음을 얻었다.

> 두 실체가 한 속모습을 공유할 수는 없다. 속모습을 더 많이 가질수록 그 실체는 더 있음직하다. 모든 실체는 본디 현존한다. 모든 실체는 반드시 무한하다.

가정컨대 실체는 한 속모습을 갖거나 여러 속모습을 갖는다. 스피노자에 따르면 한 사물이 현존한다면 그것이 현존하는 까닭이 반드시 있다. 나아가 한 사물이 현존하지 않는다면 그것이 현존하지 않는 까닭이 반드시 있다. 그는 정리 I11의 둘째 증명에서 다음처럼 말한다.

> "각 사물에 대해 그것이 왜 현존하는지와 왜 그것이 현존하지 않는지를 설명하는 원인이나 이유가 반드시 배당된다. 보기를 들어 한 세모가 현존한다면 그것이 현존하는 이유나 원인이 있어야 하고, 그것이 현존하지 않는다면 그것이 현존하지 않도록 막거나 그 현존을 도로 치우는 이유나 원인이 있어야 한다. 이 이유나 원인은 그 사물의 됨됨이 안에 담겼거나 그 사물의 바깥에 있어야 한다."

만일 여러 속모습을 갖는 실체가 현존하지 않는다면 그것이 현존하지 않는 까닭이 있어야 한다. 만일 그 까닭이 없다면 여러 속모습을 갖는 실체는 현존한다. 스피노자가 볼 때 한 실체가 여러 속모습을 갖는 일은 모순을 낳지 않는다. 한 속모습과 다른 속모습은 그 자체로 개념화되기에 한 속모습이 다른 속모습을 밀어내지 않는다. 속모습을 끝없이 많이 갖더라도 이들을 함께 갖는 실체가 그 자체로 모순을 품지는 않는다. 이처럼 한 실체가 여러 속모습을 갖지 못할 이유가 없다.

가정컨대 사물 가는 속모습 생각만을 갖는다. 사물 나는 속모습 생각과 퍼짐만을 갖는다. 사물 가와 사물 나는 속모습 생각을 공유하기에 두 사물 모두가 현존할 수는 없다. 둘 가운데 하나만 현존한다면 사물 나가 현존할 테다. 왜냐하면 사물 가와 사물 나 가운데 사물 나가 더 있음직하기 때문이다. 더 많은 속모습을 갖는 일은 더 많은 가능성, 더 많은 능력, 더 많은 실재성을 갖는 일이다. 두 사물 가운데 하나만 현존한다면 힘이 더 많은 사물이 현존해야 한다. 사물 나가 현존하고 사물 가는 현존할 수 없는 까닭은 사물 나에 견주어 사물 가의 힘이 모자라기 때문이다.

> "현존할 수 없음은 힘이 모자라는 일이고 거꾸로 현존할 수 있음은 힘[을 넉넉히 갖는 일]이다."정리I11증명3

여기서 "정리I11증명3"은 정리 I11의 셋째 증명을 가리킨다. 다른 번역자는 방금 인용한 이 문장을 "현존할 수 없음은 무능력이고 거꾸로 현존할 수 있음은 능력이다"로 옮긴다.

사물 다는 속모습 생각 및 퍼짐과 더불어 속모습 A도 갖는다. 사물 나와 사물 다는 몇몇 속모습을 공유한다. 이는 사물 나와 사물 다 모두가 현존할 수는 없음을 뜻한다. 둘 가운데 하나만 현존한다면 둘 가운데 사물 다가 더 있음직하기에 사물 다가 현존한다. 우리는 사물 다보다 더 많은 속모습을 갖는 다른 사물을 생각할 수 있다. 나아가 우리는 속모습을 끝없이 많이 갖는 사물을 생각할 수 있다. 그것이 무엇이든 속모습을 갖는 사물은 실체다. 모든 실체는 본디 무한하기에 끝없이 많은 속모습을 갖는 실체를 "무한 실체"라 이름지을 수는 없다. 그 실체는 굳이 말하자면 "절대 무한 실체"다. 절대 무한 실체는 속모습을 끝없이 많이 가질 뿐만 아니라 모든 속모습을 갖는 실체다.

스피노자의 "절대 무한"은 "자기 갈래 안에서 무한"을 뜻하지 않는다. 퍼지지 않고 생각하는 실체는 이미 무한히 생각하는 실체다. 생각하지 않고 퍼진 실체는 이미 무한히 퍼진 실체다. 생각하고 퍼진 실체는 무한히 생각하고 무한히 퍼진 실체다. 하지만 이 실체는 속모습 A를 갖지 않기에 아직 절대 무한 실체는 아니다. 스피노자는 가능한 속모습들의 개수가 끝없다고 생각한다. 이 때문에 유한한 개수의 속모습을 갖는 실체는 절대 무한 실체가 아니다. 절대 무한 실체는 속모습을 끝없이 많이 가지며 모든 속모습을 갖는다. 스피노자는 절대 무한 실체를 "하느님"으로 뜻매김한다.

정의 106: 하느님은 절대 무한 실체 곧 끝없이 많은 속모습들로 이루어진 실체인데 이들 속모습 각각은 영원하고 끝없는 본모습을 나타낸다.

뜻을 또렷이 하려고 "무한한"이나 "끝없는"을 "끝없이 많은"으로 풀었다.

한 사물이 현존한다면 그것이 현존하는 까닭이 반드시 있다. 그 까닭은 그 사물 안에 있거나 바깥에 있다. 거꾸로 한 사물이 현존하는 까닭이 있다면 그 사물은 현존한다. 1킬로그램짜리 다이아몬드가 현존할 까닭이 있다면 그 다이아몬드는 현존한다. 스피노자가 볼 때 물체는 실체가 아니다. 이 때문에 그 다이아몬드가 현존하는 까닭은 그 다이아몬드 바깥에 있다. 스피노자는 그 바깥을 "전체 물질 자연의 질서"정리I11증명2라 표현한다. 그 다이아몬드가 현존하는 까닭은 전체 물질 자연의 질서 안에 있다. 만일 한 사물이 현존하는 까닭이 제 안에 있다면 그 사물은 실체다. 마찬가지로 한 사물이 현존하지 않는다면 그 까닭이 반드시 있다. 그 까닭은 그 사물 안에 있거나 바깥에 있다. 한 사물이 현존하지 않는 까닭이 있다면 그 사물은 현존하지 않는다. 만일 황금산이 현존하지 못할 까닭이 있다면 황금산은 현존하지 않는다. 황금산은 물체이기에 그것이 현존하지 못할 까닭은 전체 물질 자연의 질서 안에 있을 테다. 한편 둥근 네모는 현존할 수 없다. 왜냐하면 그것이 현존할 수 없는 까닭이 제 안에 있기 때문이다. 둥근 네모는 그 뜻매김, 됨됨이, 본모습 안에 곧 저 스스로 모순을 품는다.

한 사물이 현존하지 않는 까닭이 없다면 그 사물은 현존하는가? 스피노자는 과감하게 주장한다.

> "한 사물이 현존하지 않도록 막는 이유나 원인이 없다면 그 사물은 반드시 현존한다."정리I11증명2

이 원리는 하느님한테도 적용할 수 있다.

> "만일 하느님이 현존하지 않도록 막거나 그 현존을 도로 치우는 이유나 원인이 있을 수 없다면 하느님이 반드시 현존한다는 결론이 꼭 따라 나온다."같은곳

하느님이 현존하지 못할 까닭이 있는가? 그 까닭이 있다면 그것은 하느님의 됨됨이 안에 담겼거나 그 바깥에 있어야 한다.

이미 말했듯 하느님은 그 개념 안에, 그 뜻매김 안에, 그 됨됨이 안에 모순을 품지 않는다. 하느님이 현존하지 못할 까닭은 제 안에 있지 않다. 하느님이 현존하지 못할 까닭이 있다면 그 까닭은 하느님 바깥에 있어야 한다. 하지만 하느님은 정의상 최대한의 있음직함을 가지며 최대한의 힘을 갖는다. 하느님이 현존하지 못하도록 막는 힘이 하느님 바깥에 있을 수는 없다. 따라서 하느님의 현존을 가로막는 까닭은 하느님 안에도 없고 바깥에도 없다. 한 사물이 현존하지 못할 까닭이 없다면 그 사물은 반드시 현존한다. 만일 하느님의 현존을 가로막는 까닭이 없다면 그것은 현존해야 한다.

이미 말했듯 하느님의 현존을 가로막는 까닭은 어디에도 없다. 따라서 하느님은 현존한다. 이것이 정리 I11의 내용이다.

정리 I11: 각각 영원하고 무한한 본모습을 나타내는 끝없이 많은 속모습들로 이루어진 실체 곧 하느님은 반드시 현존한다.

이 정리는 다음처럼 간단히 증명할 수 있다. "절대 무한 실체 곧 하느님은 절대 무한한 현존 능력을 저 스스로 갖는다. 이 이유로 그는 절대로 현존한다."[정리11주석] 나아가 스피노자에 따르면 하느님이 현존한다는 사실은 다른 사물이 현존한다는 사실보다 더 확실하다.

> "하느님의 본모습은 모든 불완전성을 몰아내고 절대 완전성을 품으며, 이로써 그의 현존을 의심할 모든 원인을 없애고, 그 현존에 관해 가장 큰 확실성을 준다."[같은곳]

우리가 온 마음을 다해 헤아린다면 하느님의 현존을 의심할 수 없다. 하느님의 현존은 존재 측면에서 절대 필연이며 인식 측면에서는 가장 확실하다.

하느님은 정의상 실체다. 하느님을 절대 무한 실체로 뜻매김하지 않고 그냥 "각각 영원하고 무한한 본모습을 나타내는 끝없이 많은 속모습들로 이루어진 사물"로 뜻매김할 수 있다. 이 경우에도 우리는 하느님이 실체임을 증명할 수 있다. 하느님이 현존한다면 그 현존의 까닭은 하느님 안에 있거나 바깥에 있어야 한다. 하지만 그 까닭은 바깥에 있을 수 없다. 왜냐하면 하느님은 정의상 가장 있음직하고 가장 힘이 세기 때문이다. 하느님의 원인이 될 만한 다른 사물은 존재할 수 없다. 따라서 하느님이 현존한다면 그 현존의 까닭은 하느님 안에 있어야 한다. 하느님이 실체가 아니면 그 현존의 까닭이 하느님 안에 있을 수 없다. 따라서 하느님은 실체여야 한다.

0405. 실체의 유일성

실체는 쪼개지거나 토막날 수 있는가? 실체 가가 사물 나와 사물 다로 토막난다고 가정한다. 이들 토막은 실체 가의 됨됨이를 그대로 가지거나 가지지 않는다. 토막들이 실체 가의 됨됨이를 그대로 가진다면 이들 토막은 실체여야 한다. 이들은 실체이기에 자기 원인이고, 현존하고, 무한하다. 실체 가를 토막내어 실체 나와 실체 다를 만들 수 있다면 이는 정리 I06에 어긋난다. 정리 I06에 따르면 한 실체로부터 다른 실체가 나올 수 없기 때문이다. 또한 만일 토막들이 실체 가의 됨됨이를 그대로 가진다면 이는 실체들이 각기 다른 됨됨이를 갖는다는 정리 I05에 어긋난다. 만일 실체 나와 실체 다가 실체 가와 아무 공통점을 갖지 않는다면 부분이 전체와 아무 공통점을 갖지 않는 셈인데 이는 부조리하다. 이처럼 만일 토막들이 실체 가의 됨됨이를 그대로 가진다고 가정하면 온통 모순이 생긴다.

만일 토막들이 실체 가의 됨됨이를 갖지 않는다면 사물 나는 실체 가의 됨됨이를 갖지 않고 사물 다도 실체 가의 됨됨이를 갖지 않는다. 어느 부분도 실체 가의 됨됨이를 갖지 않기에 이들 토막은 실체 가로서 현존하지 않는다. 실체 가를 토막낸다면 이는 실체 가의 현존 자체를 없애는 일이다. 스피노자가 보기에 이는 정리 I07을 어기는 일이다. 정리 I07에 따르면 실체 가는 본디 현존하며 자신을 스스로 창출한다. 결국 실체가 토막으로 나누어진 뒤 이들 토막이 실체의 됨됨이를 그대로 가지든 가지지 않든 기존 정리와 어긋나는 일이 생긴다. 따라서 실체는 토막날 수 없다. 스피노자는 이 주장을 정리 I12에서 다음처럼 표현한다.

정리 I12: 만일 실체의 한 속모습을 참되게 개념화했다면 실체가 쪼개질 수 있다는 결론이 따라 나올 수는 없다.

또는 실체의 한 속모습으로부터 그 실체가 쪼개질 수 있다는 결론을 얻었다면 우리는 그 속모습을 참되게 개념화하지 못했다. 원문에 더 가까운 번역은 “실체가 쪼개질 수 있음이 따라 나오도록 실체의 속모습을 참되게 개념화할 수는 없다"다.

정리 I12에 따르면 무슨 실체든 실체는 쪼개질 수 없고 토막날 수 없고 분할될 수 없다. 당연히 절대 무한 실체도 토막날 수 없다.

정리 I13: 절대 무한 실체는 쪼개질 수 없다.

데카르트는 하느님이든 사람 마음이든 생각하는 실체가 쪼개질 수 없다고 생각했다. 반면 그는 퍼진 실체 또는 물질 실체는 쪼개질 수 있다고 생각한다. 스피노자에 따르면 생각하는 실체뿐만 아니라 퍼진 실체도 쪼개질 수 없다. 모습으로서 물체는 실체가 아니기에 토막날 수 있고 쪼개질 수 있다. 하지만 실체로서 물질세계는 토막날 수 없고 쪼개질 수 없다. 스피노자는 "어느 실체도, 그 귀결로서 어느 물질 실체도, 그것이 실체인 한, 쪼개질 수 없다"를 정리 I13의 따름정리로 삼는다.

절대 무한 실체는 모든 속모습을 끝없이 많이 갖는다. 이는 절대 무한 실체가 속모습 '퍼짐'도 가짐을 뜻한다. 절대 무한 실체가 '퍼짐'을 갖는다는 점에서 절대 무한 실체는 '퍼진 실체'다. 데카르트에 따르면 '퍼진 실체'는 곧 '물질 실체'

다. 스피노자의 절대 무한 실체는 물질 실체다. 하지만 이 절대 무한 실체는 속모습 '생각'도 갖기에 그냥 물질 실체일 뿐이지는 않다. 그것은 물질 실체이면서 또한 생각 실체다. 나아가 그것은 다른 속모습도 갖기에 생각하는 물질 실체일 뿐이지는 않다. 방금 말했듯 절대 무한 실체는 물질 실체다. 모든 물질 실체는 절대 무한 실체인가? 절대 무한 실체는 속모습 '퍼짐'을 갖는다. 정리 I02에 따르면 다른 실체는 속모습 '퍼짐'을 가질 수 없다. 따라서 절대 무한 실체를 빼고 '퍼짐'을 갖는 실체는 현존할 수 없다. 이는 절대 무한 실체가 유일한 퍼진 실체며 유일한 물질 실체임을 뜻한다. 물질 실체가 현존한다면 그것은 곧 절대 무한 실체다. 따라서 모든 물질 실체는 절대 무한 실체다.

실체는 적어도 한 속모습을 가져야 한다. 임의의 속모습 X를 생각한다. 만일 한 실체가 속모습 X를 갖는다면 절대 무한 실체도 이를 갖는다. 왜냐하면 절대 무한 실체는 모든 속모습을 갖기 때문이다. 이로써 그 실체는 절대 무한 실체와 공통 속모습 X를 갖는다. 이는 정리 I02에 어긋난다. 따라서 절대 무한 실체를 빼고 속모습 X를 갖는 다른 실체는 있을 수 없다. 만일 절대 무한 실체가 현존한다면 속모습 X를 갖는 다른 실체는 현존할 수 없다. 스피노자는 정리 I11에서 절대 무한 실체가 현존함을 이미 보였다. 따라서 절대 무한 실체는 현존하지만 속모습 X를 갖는 다른 실체가 현존할 수는 없다. 속모습 X는 임의의 속모습이었다. "속모습 X를 갖는 다른 실체는 현존할 수 없다"는 말은 그것이 무엇이든 절대 무한 실체 말고 다른 실체가 현존할 수 없음을 뜻한다.

결국 오직 절대 무한 실체만 현존한다. 이는 정리 I14의 내용이다.

정리 I14: 하느님 말고는 다른 실체가 있을 수 없고 개념화될 수 없다.

스피노자는 "없고" 대신에 "없거나"를 썼지만 이는 맥락상 '없고'를 뜻한다. 왜 다른 실체는 개념화될 수도 없는가? 한 실체가 개념화된다면 저 스스로 개념화되어야 한다. 한 실체가 저 스스로 개념화된다면 그것은 자기 원인으로서 개념화되어야 한다. 한 실체가 자기 원인으로서 개념화된다면 그것은 현존하는 사물로서 개념화된다. 하지만 하느님 빼고 다른 실체는 현존할 수 없다. 따라서 오직 하느님만이 현존하는 실체로서 제대로 개념화될 수 있다. 달리 말해 하느님 빼고 다른 실체는 개념화될 수조차 없다.

스피노자는 정리 I14에서 "현존할 수 없다"를 쓰지 않고 "주어질 수 없다"를 쓴다. 이를 몇몇 영역자는 "현존할 수 없다"로 옮기고 몇몇 영역자는 "있을 수 없다"로 옮긴다. "x가 있을 수 없다"가 참이면 "x는 현존할 수 없다"도 참이다. 하지만 "x는 현존할 수 없다"가 참이더라도 "x가 있을 수 없다"가 참이지는 않다. 스피노자는 처음에 여러 실체가 '있다'고 가정하고 자신의 이야기를 이끌었다. 다만 이들 실체는 '실재성'이나 '있음직함'에서 다르다. 여러 실체가 있기에 여러 실체가 현존할 '수' 있다. 여러 실체의 현존 가능성을 열어 놓은 뒤 그는 있음직함이 가장 큰 절대 무한 실체가 확실히 현존함을 증명한다. 이윽고 그는 다른 실체가 현존할 수 없음을 증명한다. 다른 실체가 현존할 수 없다면 '다른 현존하는 실체'는 개념화될 수 없다. 왜냐하면 모든 실체는 그 됨됨이에 따라 반드시 현존해야 하기 때문이다. "만일 〔하느님 말고 다른 실체〕가 개념화될 수 있었다면 그것은 반드시 현존하는 것으로 개념화되어야 했다."정리I14증명 이 점에서 현존하지 않고 그냥 '있음직함'만 갖는 실체는 잘못 개념화되었다. '그냥 있음직함을 갖는 다른 실체'는 제대로 개념화될 수조차 없다. 한 사물이 개념화될 수 없다면 그것은 '있음직함'도 갖지 못한다. 다시 말해 하느님 말고 다른 실체는 현존할 수 없을 뿐만 아니라 가능성으로도 있을 수 없다.

스피노자는 정리 I14로부터 다음 두 따름정리를 이끈다.

정리 I14의 따름정리: 첫째, 하느님은 하나뿐이다. 곧 세계에는 오직 한 실체만 있으며 그것은 절대 무한하다. 둘째, 퍼진 것퍼짐과 생각하는 것생각은 하느님의 속모습이거나 그 속모습의 바꿈이다.

이 정리에서 "하느님은 하나뿐이다" 또는 "하느님은 유일하다"를 조지 엘리엇1819-1880은 "하느님은 자신의 갈래 안에서 하나뿐이다"로 옮긴다. '실체'를 하나의 갈래로 여기고 "하느님"을 홀이름으로 여긴다면 "하느님은 갈래 실체 안에서 하나뿐이다"고 말할 수 있다. "하느님은 갈래 실체 안에서 하나뿐이다"는 그냥 짧게 "하느님은 하나뿐인 실체다"나 "하느님은 하나뿐이다"고 쓸 수 있다. 다른 번역자가 "퍼진 사물"과 "생각하는 사물"로 옮기는 표현을 엘리엇은 "퍼짐"과 "생각"으로 옮긴다. 실체는 하나만 있고 하나만 현존한다. 그 실체는 절대 무한 실체다. 그 실체는 이름하여 "하느님"이며 "하나님"이다.

0406. 보충: 신 존재 증명

스피노자는 정리 I11의 셋째 증명에서 절대 무한 실체의 현존을 다음처럼 짧게 증명한다.

> 아무것도 현존하지 않거나 절대 무한 존재도 반드시 현존한다. 우리는 현존한다. 따라서 절대 무한 존재도 반드시 현존한다.

그의 추론은 사실 여러 단계를 거친다. (i) 우리는 현존한다. 우리가 현존한다면 무엇인가 현존한다. 따라서 무엇인가 현존한다. (ii) 무엇인가 현존한다. 무엇인가 현존한다면 실체가 현존하거나 실체의 모습이 현존한다. 실체의 모습이 현존한다면 실체는 현존한다. 따라서 적어도 한 실체가 현존한다. (iii) 적어도 한 실체가 현존한다. 적어도 한 실체가 현존한다면 그 실체는 유한하거나, 상대 무한하거나, 절대 무한하다. 따라서 유한 실체가 현존하거나 상대 무한 실체가 현존하거나 절대 무한 실체가 현존한다. "상대 무한 실체"는 '자기 갈래 안에서 끝없는 실체'를 뜻한다.

(iv) 유한 실체든 상대 무한 실체든 그 실체는 절대 무한 실체의 현존을 막을 힘을 지니지 못한다. 따라서 절대 무

한 실체의 현존을 막는 원인은 유한 실체 안에도 상대 무한 실체 안에도 없다. (v) 절대 무한 실체의 뜻매김은 모순을 품지 않는다. 절대 무한 실체의 뜻매김이 모순을 품지 않는다면 절대 무한 실체 안에는 그 현존을 막는 원인이 없다. 따라서 절대 무한 실체 안에는 그 현존을 막는 원인이 없다. (vi) 유한 실체, 상대 무한 실체, 절대 무한 실체 안에는 절대 무한 실체의 현존을 막는 원인이 없다. 따라서 절대 무한 실체의 현존을 막는 원인은 없다.

(vii) 만일 절대 무한 실체는 현존하지 않지만 다른 실체가 현존한다면 절대 무한 실체의 현존을 막는 원인이 있어야 한다. 절대 무한 실체의 현존을 막는 원인은 없다. 따라서 절대 무한 실체가 현존하거나 다른 실체는 현존하지 않는다. 곧 절대 무한 실체는 현존한다. (viii) 절대 무한 실체는 유한 실체든 상대 무한 실체든 적어도 한 속모습을 공유한다. 실체들은 속모습을 공유할 수 없다. 따라서 절대 무한 실체가 현존한다면 유한 실체와 상대 무한 실체는 현존할 수 없다. (ix) 절대 무한 실체만 현존하거나 다른 실체도 현존한다. 절대 무한 실체가 현존한다면 유한 실체와 상대 무한 실체는 현존할 수 없다. 따라서 절대 무한 실체만 현존한다.

스피노자는 절대 무한 실체의 현존을 막는 원인이 어

디에도 없다고 생각한다. 우리가 "절대 무한 실체의 현존을 막는 원인이 어디에도 없다"와 "절대 무한 실체의 현존을 막는 원인이 어디에도 없다면 절대 무한 실체는 현존한다"를 받아들이면 이로부터 "절대 무한 실체는 현존한다"가 곧바로 따라 나온다.

> 절대 무한 실체의 현존을 막는 원인이 어디에도 없다면 절대 무한 실체는 현존한다. 절대 무한 실체의 현존을 막는 원인은 어디에도 없다. 따라서 절대 무한 실체는 현존한다.

하지만 이 논증은 스피노자의 논증을 올바로 간추리지 못했다. 왜냐하면 이 논증은 논제 "무엇인가 현존한다"를 요구하지 않기 때문이다. 스피노자는 "무엇인가 현존한다"나 "우리는 현존한다"를 논증에 굳이 끄집어들인다. 그가 "아무것도 현존하지 않거나 절대 무한 존재도 반드시 현존한다"정리I11증명3고 표현한 문장은 "무엇인가 현존한다면 절대 무한 존재도 반드시 현존한다"로 바꿀 수 있다. 그의 논증을 간추리면 사실상 다음과 같다.

무엇인가 현존한다면 절대 무한 존재도 반드시 현존한다. 우리는 현존한다. 따라서 절대 무한 존재도 반드시 현존한다.

이처럼 그의 논증은 전제 "우리는 현존한다" 또는 "무엇인가 현존한다"를 요구한다.

"무엇인가 현존한다"는 "우리는 현존한다"를 뒷받침할 수 없다. 하지만 "우리는 현존한다"는 "무엇인가 현존한다"를 뒷받침할 수 있다. 이 점에서 더 우선하는 논제는 "우리는 현존한다"다. 이 논제를 A라 하겠다. 스피노자는 "아무것도 현존하지 않거나 절대 무한 존재가 현존한다" 또는 "무엇인가 현존한다면 절대 무한 존재가 현존한다"고 주장한다. 그의 이 전제를 X라 하겠다. 우리는 전제 X를 다른 논제로부터 추론하려 한다. 먼저 다음 두 논제를 구별한다.

B*. 절대 무한 존재가 현존하지 않는다면 그것이 현존하지 못할 원인이 현존한다. 또는 절대 무한 실체의 현존을 막는 원인이 어디에도 없다면 절대 무한 실체는 현존한다.

B. 만일 무엇인가 현존하지만 절대 무한 실체는 현존

하지 않는다면 절대 무한 실체의 현존을 막는 원인이 현존한다.

아무것도 현존하지 않으면 논제 B는 저절로 참이다. 하지만 아무것도 현존하지 않는 상황에서는 절대 무한 존재도 현존하지 않고 절대 무한 존재의 현존을 막는 원인도 현존하지 않는다. 이 경우 논제 B*는 거짓이다. 이 점에서 논제 B*를 받아들이기에는 조금 꺼림칙하다.

물론 우리가 논제 A와 논제 B를 받아들이면 논제 B*을 추론할 수 있다. 이는 다음 추론이 마땅함을 보임으로써 증명할 수 있다.

A. 우리는 현존한다.

B. 만일 무엇인가 현존하지만 절대 무한 실체는 현존하지 않는다면 절대 무한 실체의 현존을 막는 원인이 현존한다.

가정 P. 절대 무한 실체는 현존하지 않는다.

따라서 절대 무한 실체의 현존을 막는 원인은 현존한다.

논제 A와 가정 P가 참이면 논제 B의 이면 앞말은 참이다. 논제 A, 가정 P, 논제 B가 모두 참이면 "절대 무한 실체의 현존을 막는 원인은 현존한다"는 참이다. 따라서 논제 A와 논제 B가 참이면 "가정 P이면 절대 무한 실체의 현존을 막는 원인은 현존한다"가 참이다. 이는 "논제 A와 논제 B가 참이면 논제 B*은 참이다"를 뜻한다. 방금 보였듯 논제 A와 논제 B를 받아들이면 논제 B*을 추론할 수 있다. 하지만 논제 A와 논제 B*을 받아들이더라도 논제 B를 추론할 수는 없다. 이는 논제 B*보다 논제 B에 더 많은 내용이 담겼음을 뜻한다. 우리는 논제 B를 받아들인다. 논제 B를 달리 표현하면 다음과 같다. "만일 절대 무한 실체의 현존을 막는 원인이 현존하지 않는다면 아무것도 현존하지 않거나 절대 무한 실체가 현존한다."

스피노자는 "절대 무한 존재의 현존을 막는 원인은 현존하지 않는다"를 받아들인다. 그는 이 논제를 다음 논제로부터 추론한다.

C: 모든 현존하는 사물은 절대 무한 실체의 현존을 막을 수 없다.

논제 C는 다음처럼 정당화된다. 현존하는 사물은 실체거나 모습이다. 인식 측면이든 존재 측면이든 실체는 모습에 앞선다. 이 때문에 모습은 실체의 현존을 막을 수 없다. 실체는 유한 실체거나 상대 무한 실체거나 절대 무한 실체다. 유한 실체는 절대 무한 실체의 현존을 막을 수 없다. 상대 무한 실체는 절대 무한 실체의 현존을 막을 수 없다. 절대 무한 실체 안에는 모순이 없기에 절대 무한 실체는 스스로 자신의 현존을 막을 수 없다. 따라서 현존하는 사물이 실체든 모습이든 그것은 절대 무한 실체의 현존을 막을 수 없다. 물론 아무것도 현존하지 않으면 논제 C는 저절로 참이다.

논제 C에 따르면 무엇이든 그것이 현존하면 그것은 절대 무한 실체의 현존을 막을 수 없다. "절대 무한 존재의 현존을 막는 원인은 현존한다"고 가정하고 그 원인을 ㄱ이라 하겠다. ㄱ은 현존하고 그것은 절대 무한 실체의 현존을 막는다. 이는 논제 C가 거짓임을 뜻한다. 이처럼 "절대 무한 존재의 현존을 막는 원인은 현존한다"고 가정하면 논제 C와 어긋나는 결론이 나온다. 이는 논제 C가 참이면 "절대 무한 존재의 현존을 막는 원인은 현존하지 않는다"가 반드시 참임을 뜻한다.

우리는 논제 B와 C로부터 논제 X 곧 "무엇인가 현존한다면 절대 무한 존재가 현존한다"가 따라 나옴을 보일 수 있다.

B. 만일 무엇인가 현존하지만 절대 무한 실체는 현존하지 않는다면 절대 무한 실체의 현존을 막는 원인이 현존한다.

C. 모든 현존하는 사물은 절대 무한 실체의 현존을 막을 수 없다.

따라서 무엇인가 현존한다면 절대 무한 실체는 현존한다.

이를 증명하려고 먼저 결론의 이면 앞말 "무엇인가 현존한다"를 가정한다. C가 참이기에 "절대 무한 실체의 현존을 막는 원인은 현존하지 않는다"는 참이다. 이는 B의 이면 뒷말이 거짓임을 뜻한다. 이로부터 우리는 "무엇인가 현존하지만 절대 무한 실체는 현존하지 않는다"가 거짓임을 알 수 있다. 곧 '무엇인가 현존한다'가 거짓이거나 '절대 무한 실체는 현존하지 않는다'가 거짓이다. "무엇인가 현존한다"를 가정했기에 '절대 무한 실체는 현존하지 않는다'가 거짓이다. 달리 말해 절대 무한 실체는 현존한다. 이처럼 논제 B와 C를 받아들이고 "무엇인가 현존한다"를 가정하면 "절대 무한 실체는 현존한다"가 따라 나온다. 이는 논제 B와 C로부터 "무엇인가 현존하면 절대 무한 실체는 현존한다"가 따라 나옴을 뜻한다. 따라서 논제 B와 C로부터 논제 X가 따라 나온다.

이제 절대 무한 실체가 현존한다는 스피노자의 논증은 다음처럼 간추릴 수 있다.

A. 우리는 현존한다.

B: 만일 무엇인가 현존하지만 절대 무한 실체는 현존하지 않는다면 절대 무한 실체의 현존을 막는 원인은 현존한다.

C. 모든 현존하는 사물은 절대 무한 실체의 현존을 막을 수 없다.

따라서 절대 무한 실체는 현존한다.

이 논증은 논제 X를 가정하지 않은 채 "절대 무한 실체는 현존한다"를 증명한다. 다만 논제 B와 논제 C로부터 논제 X를 얻을 수는 있다. 일단 논제 X를 얻으면 논제 A를 써서 "절대 무한 실체는 현존한다"를 추론할 수 있다.

05.

내재, 자유, 영원

하느님은 모든 사물의 외부 원인이 아니라 내부 원인이다. 모든 사물은 하느님 안에 있고, 일어나는 모든 일은 오직 하느님이 지닌 한없는 됨됨이의 법칙에 따라 일어나고 그 본모습의 필연성으로부터 뒤따라 나온다. 하느님은 다른 것에 강제되지 않은 채 홀로 자기 됨됨이의 법칙에 따라 행위한다. 하느님만이 홀로 자유 원인이다. 하느님의 힘은 영원부터 현실화되어왔고 똑같은 현실성으로 영원까지 유지될 테다.

무엇인가 있다면 그것은 실체거나 모습이다. 스피노자는 오직 한 실체만 현존하고 오직 한 실체만 있음을 증명했다. 그것은 절대 무한 실체며 하느님이고 하나님이다. 오직 하나뿐인 그 실체는 스스로 있고 저 안에 있다. 그 실체는 제 홀로 개념화된다. 모든 모습은 실체의 모습이기에 그것은 언제나 실체 안에 있다. 따라서 모든 모습은 오직 하나뿐인 바로 그 실체 안에 있다. 또한 모든 모습은 그 실체를 거쳐 개념화되어야 한다. 이는 다음 정리로 간추릴 수 있다.

정리 115: 무엇이 있든 그것은 하느님 안에 있고 하느님 없이는 아무것도 있을 수 없고 개념화될 수 없다.

모든 사물이 하느님 안에 있다면 모든 물질도 하느님 안에 있다. 모든 물질 사건은 하느님 안에서 일어난다. 사람은 육체를 갖기에 사람은 때때로 물질다운 모습을 지닌다. 하느님 안에 물질이 있다면 하느님은 물질다운 모습을 지니는가?

0501. 물질 하느님

하느님이 사람 비슷한 몸과 마음을 가져 열정, 감정, 느낌을 겪는다는 주장을 대부분 철학자는 받아들이지 않는다. 왜냐하면 그들은 '육체다움'이나 '물질다움'을 하느님다운[신성한] 속성이라 생각하지 않기 때문이다. 스피노자도 하느님이 격정, 열정, 감정, 느낌 따위를 겪지 않는다고 생각한다. 하지만 그는 대부분 철학자와 달리 놀랍게도 "하느님은 물질답다"나 "하느님은 육체답다"를 받아들인다. 내가 "물질다운"이나 "육체다운"으로 옮긴 라틴말은 "코르포레우스" 또는 "코르포레움"이다. 이 낱말의 뿌리 "코르푸스"는 '몸', '살', '육체', '물질', '몸통'을 뜻한다.

대부분 철학자가 보기에 하느님은 절대 무한 존재다. 반면 육체, 몸, 물질은 모종의 테두리로 금그어져 제한된 길이, 너비, 깊이를 갖는다. 이것은 육체, 몸, 물질이 유한한 부피를 지님을 뜻한다. 유한한 부피를 지니는 일은 아예 하느님답지 않다. 이 때문에 그들은 물질다움이 하느님답지 않다고 생각한다. 몇몇 철학자는 물질 사물이나 퍼진 사물을 하느님이 만든 사물로 여긴다. 정리 I06에 따르면 한 실체는 다른 실체로부터 나올 수 없다. 따라서 물질 사물이 실체면 물질은 창조될 수 없다. 또한 정리 I03에 따르면 하느님과 물질 사이에 공통점이 없다면 하느님으로부터 물질이 생길 수 없다. 이 때문에 스피노자는 "물질답지 않은 하느님이 물질을 창조했다"는 몇몇 철학자의 주장을 아예 받아들이지 않는다.

모종의 테두리로 금그어져 제한된 길이, 너비, 깊이를 갖는 물체는 실체일 수 없다. 스피노자에게 물질 사물로서 물체는 겉모습이다. 이 겉모습은 실체의 겉모습이거나 겉모습의 겉모습이다. 만일 물질 사물이 실체 비슷하다면 그것은 실체의 속모습이다. 실체는 오직 하느님밖에 없기에 그것은 하느님의 속모습이어야 한다. '퍼짐'이나 '물질'이 속모습이면 하느님은 이 속모습을 지닌다. 이 점에서 하느님은 퍼진 실체고 물질 실체다. 한편 실체의 속모습은 본디 무한하기에 '퍼짐'이나 '물질'은 본디 무한해야 한다. 스피노자 당시 대부분 철학자는 물질이 무한하다고 생각하는 데 망설였다. 그들은 하느님 아닌 다른 사물에게 무한성을 줄 수 없었다. 그들은 물질에 무한성을 주지 않음으로써 신성에서 물질성을 뺀다. 반면 매우 과감하게도 스피노자는 물질에 무한성을 줌으로써 물질성을 신성에 넣는다.

데카르트는 하느님이 당하거나 겪는 존재가 아님을 받아들인다. 그가 물질다움을 하느님다움으로 여기지 않는 까닭은 여기에 있다. 몸, 물체, 물질은 쪼개질 수 있고 토막날 수 있다. 이는 물질이 당하고 겪을 수 있음을 뜻한다. 물질은 '겪을 수 있음'을 지니고 이는 하느님다움에서 멀다. 따라서 물질다움은 하느님다움이 아니다. 스피노자에 따르면 물질 실체든 퍼진 실체든 그것이 실체인 한 쪼개질 수 없고 토막날 수 없다. 그는 "물질은 쪼개질 수 있다"는 가정 아래서 추론된 결론을 모두 거부한다. 그에 따르면

> "무한한 양은 측정될 수 없으며 유한한 부분들로 이루어질 수 없다."정리15주석

물질은, 실체인 한, 무한하다. 물질 실체는 테두리지어진 토막들로 이루어지지 않는다. 물질 실체는, 실체인 한, 무한하며, 유일하며, 분할할 수 없는 단일체로 개념화되어야 한다.

> "물질 실체는 오직 그지없고 하나뿐이며 쪼개질 수 없도록 개념화될 수만 있다."같은곳

물질이 유한하다고 결론짓는 철학자는 쪼개질 수 있고, 유한 부분으로 이루어지고, 다중성을 지니도록 물질을 개념화함으로써 그러한 결론을 얻는다.

스피노자는 유한한 크기를 가진 물체 자체를 부정하지는 않는다. 물체들은 쪼개진 토막이다. 다만 그는 쪼개진 토

막이 물질 실체의 일종임을 받아들이지 않는다. 물질 실체가 토막 ㄱ과 토막 ㄴ으로 쪼개진다면 토막 ㄱ과 토막 ㄴ은 구별되어야 한다. 이들은 실체 차원이나 속모습 차원에서는 구별되지 않는다. 이들이 실체로서 구별될 수 없기에 이들은 다만 모습으로서 구별될 뿐이다. 쪼개진 사물로서 물질 토막은 실체가 아니라 모습이다. 토막난 여러 물체가 현존하더라도 물질 실체는 쪼개지지 않은 무한 단일체로서 그 본모습을 여전히 유지한다. 모습으로서 토막 물체는 제 홀로 있을 수 없다. 토막 물체는 다만 유일한 물질 실체 안에 저마다 자기 자리를 차지할 뿐이다.

스피노자는 토막난 물체들이 진정으로 서로 구별되지는 않는다고 생각한다. 왜냐하면 물체들은 실체 없이는 자기 본디 모습을 지킬 수 없고 그 존재를 지킬 수도 없기 때문이다.

> "실재로서 서로 구별되는 사물들은 각각 다른 사물 없이도 있을 수 있고 저 자신의 상태를 그대로 지킨다."정리115주석

진정으로 서로 구별되려면 속모습에서 차이가 드러나야 한

다. 이들 토막 물체가 같은 속모습을 지니고 속모습 자체가 분할될 수 없다면 이들 토막 물체는 진정으로 구별되지 않는다. 그것들은 겉보기에 구별되며 다만 겉모습으로만 구별된다.

물질 실체가 여럿으로 쪼개질 수 있다고 믿는 이들은 대체로 진공을 은연중에 가정한다. 하지만 스피노자가 생각하기에 진공은 없다. 오히려 모든 물질 조각은 서로 결을 맞추어 하나의 단일체를 이룬다.

> "세계에는 진공이 없고 모든 조각은 진공이 없도록 서로 결을 맞춘다. 이로부터 조각들은 실재로서 구별될 수 없음이 따라 나온다. 곧 물질 실체는, 그것이 실체인 한, 쪼개질 수 없다."정리I15주석

내가 "서로 결을 맞춘다"로 옮긴 라틴말은 "콘쿠로"다. 이는 '같이 일어나다', '겹치다', '같이하다', '맞다', '부합하다', '일치하다', '합치하다', '조화를 이루다'를 뜻한다. 스피노자는 이 낱말로 조각들이 빈틈없이 서로 결을 맞추었음을 표현하려 한 듯하다. 물질의 모든 부분이 결을 맞추어 '한결'을 이룬다. 이 때문에 토막난 여러 물체가 있는데도 물질 실체

는 '그지없고 하나뿐이며 쪼개질 수 없음'을 한결같이 지킬 수 있다. "물질 실체는 단일체다"는 "물질 실체는 단순하다"를 뜻하지 않는다. 물질 실체는 단순체가 아니라 말하자면 단일 복합체다.

우리가 여러 다른 모습을 지니도록 물질을 개념화할 때 물질의 조각들은 서로 구별된다. 물론 이 구별은 실재로서 구별이 아니라 모습으로서 구별이다.

> "물질은 어느 곳에서나 똑같고, 물질이 여러 다른 모습으로 바뀌도록[변용되도록] 〔물질을〕 개념화하지 않고서는 물질의 조각들은 구별되지 않기에, 그 조각들은 다만 모습[양태]으로서만 구별되며 실재로서는 구별되지 않는다."[정리I15주석]

지성으로 헤아릴 때 물질은 언제 어디서나 똑같고 한결같으며 물질 조각들은 서로 구별되지 않는다. 하지만 상상으로 물질을 겉보기로 그리고 겉으로만 느끼는 이들은 물질 실체가 여럿으로 쪼개질 수 있다고 믿는다.

데카르트와 스피노자에게 "두 사물은 실재로서 구별된다"는 "한 사물은 다른 사물 없이 개념화될 수 있다"를 뜻한다. 이는 "두 사물은 다른 실체 또는 다른 속모습이다"를 뜻한다. 스피노자에 따르면 세계에 실체는 하나밖에 없다. 그에게 "두 사물은 실재로서 구별된다"는 "두 사물은 다른 속모습이다"를 뜻한다. 반면 "두 사물은 모습으로서 구별된다"는 "한 사물은 다른 사물 없이 개념화될 수 없지만 후자는 전자 없이 개념화될 수 있다"를 뜻한다. 이는 "두 사물 가운데 하나는 실체나 속모습이고 다른 하나는 그 실체의 모습이다"를 뜻한다. "두 사물은 모습으로서 구별된다"는 때때로 "두 사물은 한 실체의 두 모습으로서 서로 구별된다"를 뜻한다.

물질의 조각들은 실체, 속모습, 실재로서 구별되지 않고 모습으로 구별된다. 그 조각 물체는 물질이 여러 방식으로 바꾸고 바뀐 모습이다. 그것은 한정되고 측량 및 척도화된 모습이고 양식화되고 조율된 모습이다. 보기를 들어 물과 기름은 실체 차원에서는 똑같은 속모습을 지닌 똑같은 물질이다. 다만 물과 기름은 물질의 서로 다른 모습이다. 모습으로서 물과 기름은 서로 분리될 수 있다. 나아가 모습으로서 물은 이 물과 저 물로 쪼개질 수 있다. 또한 모습으로서 물은 물질의 다른 모습으로 사그라들 수 있다. 다른 물질 모습으로부터 물이 새로 생길 수도 있다. 하지만 실체로서 물질은 새로 생성되지 않고 소멸되지도 않는다. 다만 물질 실체의 일부가 물의 모습을 띠었다가 기름의 모습으로 바뀔 수는 있다.

0502. 내재하는 하느님?

정리 I15에 따르면 물질뿐만 아니라 모든 것이 하느님 안에 있고 모든 일이 하느님 안에서 일어나고 모든 삶이 하느님 안에서 산다.

> "모든 사물은 하느님 안에 있고, 일어나는 모든 일은 오직 하느님이 지닌 한없는 됨됨이의 법칙에 따라 일어나고 그 본모습의 필연성으로부터 뒤따라 나온다."
>
> 정리I15주석

이 생각은 스피노자에게 그냥 문학 표현이 아니라 매우 진지한 사상이다. 영국의 관념주의자 조지 버클리1685-1753도 이와 비슷한 생각을 진지하게 펼쳤다. 버클리에게 물질은 그냥 생각 또는 관념의 더미에 지나지 않는다. 스피노자에게 물질은 생각의 더미라기보다 생각과 더불어 실체를 이루는 실재의 요소다. 그는 물질다움을 하느님다움으로 여김으로써 사람이 느끼고 겪는 몸의 일을 이해하려 한다.

스피노자는 정리 I15 주석에서 "일어나는 모든 일은 오직 하느님이 지닌 한없는 됨됨이의 법칙에 따라 일어나고 그 본모습의 필연성으로부터 뒤따라 나온다"고 쓴 뒤 이내 다음 정리를 얻는다.

> **정리 I16. 하느님이 지닌 됨됨이의 필연성으로부터, 끝없이 많은 모습으로 끝없이 많은 것들이, 곧 무한 지성이 헤아릴 수 있는 모든 것들이, 뒤따라야 한다.**

나는 에드윈 컬리를 따라 스피노자의 라틴말 표현 "인피니타 인피니티스 모디스"를 "끝없이 많은 모습으로 끝없이 많은 것들이"로 옮겼다. 원문의 "무한 지성 아래에 떨어질 수 있는"은 '무한 지성의 다스림 안에 들어올 수 있는'을 뜻한다. 조지 엘리엇은 이를 "무한 지성이 파악할 수 있는"으로 풀었는데 나는 그를 따라 "무한 지성이 헤아릴 수 있는"으로 옮겼다. "하느님이 지닌 됨됨이의 필연성"은 그냥 "신성한 자연법칙"으로 읽어도 좋다. 다만 여기서 "자연"은 '본성'이나 '됨됨이'를 뜻한다.

정리 I16의 증명은 어렵지 않다. 사물의 뜻매김[정의]은 사물의 본모습 또는 됨됨이를 표현한다. 지성은 사물의 뜻매김으로부터 사물의 여러 다른 모습을 추론한다. 사물의 뜻매김이 더 많은 속모습 또는 더 많은 실재성을 표현할수록 사물은 더 많은 '임'들을 갖고 지성은 그로부터 사물의 모습을 더 많이 추론할 수 있다.

> "사물의 뜻매김이 더 많은 실재성을 표현할수록 곧 뜻매김된 사물의 본모습이 더 많은 실재성을 끌어안을수록 지성은 더 많은 속성을 추론한다."정리I16증명

내가 "속성"으로 옮긴 라틴 낱말은 "프로프리에타스"다.

하느님의 뜻매김에 따르면 그는 본디 무한한 본모습과 무한한 됨됨이를 갖는다. 그는 그 무한한 본모습을 표현하는 끝없이 많은 속모습을 가지며 모든 속모습을 갖는다. 지성은 하느님의 뜻매김 · 본모습 · 됨됨이로부터 끝없이 많은 것들이 끝없이 많은 모습으로 뒤따라 나옴을 지성의 능력만큼 추론할 수 있다. 이 추론은 '경험 추론'이나 '귀납 추론'이 아니라 전제로부터 결론이 반드시 따라 나오는 '필연 추론'이며 '연역 추론'이다. 무한한 지성은 하느님의 본모습으로부터 모든 사물의 모든 모습이 뒤따라 나옴을 알 수 있다.

사람의 유한 지성은 다만 생각의 여러 모습과 퍼짐의 여러 모습을 하느님의 됨됨이로부터 추론할 수 있을 뿐이다. 스피노자는 지성의 헤아림으로 "하느님의 본모습으로부터 모든 사물의 모든 모습이 뒤따라 나온다"를 추론한다. 그는 이 추론으로부터 다음 세 따름정리를 추가로 얻는다.

정리 I16의 따름정리: 첫째, 하느님은 무한 지성이 헤아릴 수 있는 모든 것의 작용 원인이다. 둘째, 하느님은 '어쩌다 비롯된 원인'이 아니라 '저 자신에서 우러나오는 원인'이다. 셋째, 하느님은 절대 제일 원인이다.

"작용하는"은 '결과를 일으키는'을 뜻하고 "작용 원인"은 '결과를 일으키는 원인'을 뜻한다.

스피노자가 그냥 "원인"으로 쓰지 않고 "작용 원인"이라고 굳이 쓴 까닭은 "원인"을 아리스토텔레스스러운 "목적 원인"으로 오해하지 말기를 바라기 때문이다. 스피노자는 아리스토텔레스의 목적주의를 멀리하는 대신 당시의 기계주의를 어느 정도 받아들인다. 그는 '목적'이나 '의도'의 관점 대신에 '작용'과 '운동'의 관점에서 현상을 이해하려 한다. 정리 I16에 따르면 하느님 바깥에 다른 원인이 없고 오직 하느님만이 모든 일의 원인이다. 하느님의 일을 일으키는 다른 원인이 없기에 그는 '제일 원인'이다. 하느님은 다른 사물의 도움 없이 사물을 생성하고 일으키는 원인이기에 그는 '절대 원인'이다. 따라서 하느님은 절대 제일 원인이다.

"어쩌다 비롯된 원인"을 짧게 표현하면 "우연 원인"이다. "X는 Y의 우연 원인이다"는 "X는 Y를 일으켰지만 X의 됨됨이에 따라 Y를 일으키지는 않았다"를 뜻한다. 모든 일이 하느님의 됨됨이로부터 반드시 뒤따르기에 모든 일은 하느님 자신에게 우러나온 힘으로부터 비롯되었다. 만일 하느님이 한 사건의 우연 원인이면 그는 그 사건이 일어나지 않도록 막을 수도 있었다. 그 사건은 하느님의 됨됨이에 따라 반드시 그렇게 일어날 수밖에 없었다는 의미에서 하느님은 그 사건의 우연 원인일 수 없다. "저 자신에서 우러나오는 원인"은 짧게 표현해 "자성 원인"이나 "본성 원인"이다.

파킨슨에 따르면 스피노자 당시에 "우연 원인"과 "본성 원인"은 다음처럼 쓰였다. 한 생물이 자신의 됨됨이와 같거나 닮은 생물을 낳았다면 전자는 후자의 본성 원인이다. 하지만 그 생물이 자신의 됨됨이와 다른 생물이나 괴물을 낳았다면 전자는 후자의 우연 원인이다. 스피노자는 세계에 괴물이 나타나고 지극히 악한 일이 일어나더라도 그 사물과 그 일이 하느님의 됨됨이로부터 비롯되었다고 말하는 셈이다. 이는 많은 이에게 신성모독처럼 들릴 테다. 그는 그것이 신성모독이 아니라 세계를 제대로 헤아리는 길임을 또렷이 드러낼 수 있을까? 그 길은 매우 기나긴 길이다.

어머니가 아이를 낳으면 어머니는 아이의 원인이고 아이는 어머니의 결과다. 어머니 바깥에 아이가 있고 아이 바깥에 어머니가 있다. 원인이 결과 바깥에 있거나 결과가 원인 바깥에 있을 때 그 원인은 그 결과의 '바깥 원인' 또는 '외부 원인'이다. 외부 원인은 그 결과를 자기 바깥에 낳는다. 외부 원인의 결과는 그 원인 바깥에 놓인다. 정리 I15에 따르면 무슨 사물이든 그것은 하느님 안에 있다. 그 사물의 원인은 하느님이다. 하느님이 생성한 모든 결과는 하느님 자신 안에 있다.

X가 무엇이든 X는 하느님 안에 있다. 또는 X가 무엇이든 X는 X의 원인 안에 있다. 하느님은 그 결과 바깥에 있지 않으며 그 결과는 하느님 바깥에 있지 않다. 따라서 무슨 사물이든 하느님은 그 사물의 외부 원인이 아니다. 내가 "외부"로 옮긴 라틴말은 "트란시엔스"다. 이는 '가로지르는', '지나가는', '건너는'을 뜻한다. "트란시엔스 원인"은 "지나가는 원인", "과도 원인", "일시 원인"이다. 하느님은 사물의

과도 원인이 아니다. 하느님은 사물을 자기 안에서 줄곧 유지하는 영속 원인이다.

하느님은 자기 안에 다른 사물을 낳는다. 하느님이 낳은 결과는 하느님 자신 안에 있다. 결과가 원인 안에 있다면 그 원인은 그 결과의 '내부 원인'이다. 내부 원인은 그 결과를 자기 안에 낳는다. 하느님은 모든 사물의 내부 원인이다.

정리 I18. 하느님은 모든 사물의 외부 원인이 아니라 내부 원인이다.

조너선 베넷은 이 정리를 설명하려고 쉬운 보기를 든다. 내가 손을 움직일 때 나는 내 손의 내부 원인이며 내 안에 늘 머무는 원인이다. 하지만 내가 공을 던질 때 나는 공의 외부 원인이며 잠시 머물다 떠나가는 원인이다.

몇몇 학자는 정리 I18을 두고 스피노자가 "초월 신을 부정하고 내재 신을 긍정했다"고 말들 한다. 스피노자가 말하는 "내재 신"은 '세계 안에 있는 신'을 뜻하지 않는다. 표현 "내부 원인"이나 "내재 원인"은 그 뜻이 헷갈리기 쉽다. "내부 원인"은 '결과 안에 있는 원인'을 뜻하지 않으며 다만 '결과가 자기 안에 있는 원인'을 뜻한다. 이 점에서 "외부 원인"과 "내부 원인" 켤레보다는 "외부 결과"와 "내부 결과" 켤레가 더 좋은 표현이다. 모든 사물은 하느님의 외부 결과가 아니라 내부 결과다.

0503. 자유 의지?

정리 I16에 따르면 세계의 모든 일과 모든 모습은 오직 하느님의 됨됨이로부터 반드시 뒤따른다. 하느님으로부터 다른 사물이 뒤따르는 일은 하느님이 그 사물을 일으키고 생성하는 일이다. 우리는 이를 두고 "하느님은 행위한다"고 말할 수 있다. 한 사물이 생기거나 일어나는 데 하느님 말고 다른 사물이 끼어들 여지가 없다. 왜냐하면 그 다른 사물조차도 하느님 안에 있기 때문이다. 하느님의 행위를 부추기거나 다그칠 만한 다른 사물은 없다. 따라서 하느님은 다른 것의 강요나 다그침 때문에 행위하지 않는다. 그는 어쩔 수 없이 행위하지 않는다. 그는 다만 자신의 됨됨이에 따라 행위할 뿐이다.

> **정리 I17: 하느님은 다른 것에 강제되지 않은 채 홀로 자기 됨됨이의 법칙에 따라 행위한다.**

"강제된"을 뜻하는 말로 스피노자가 쓴 낱말은 "코악투스"다. 이는 '강요된', '억지스러운', '몰아세운', '부추긴', '북돋운'을 뜻한다.

하느님은 다른 것에 강제되지 않기에 하느님의 행위를 부추기는 다른 원인은 없다. "강제된"의 반대말은 "자유로운"이다. 하느님은 다른 것에 강제되지 않은 채 행위하기에 그는 자유롭다. 스피노자는 정의 I07에서 "자유롭다"를 다음처럼 뜻매김한다.

> **정의 I07: 한 사물이 오로지 자기 본모습의 필연성으로만 현존하고 오로지 저 자신에 따라서만 행위하도록 결정되었다면 그 사물은 자유롭다. 하지만 다른 것이 그 사물을 현존하도록 하고 모종의 결정된 방식**[이유]**으로 작동하도록 결정한다면 그 사물은 필연이거나 차라리 강제되었다.**

원문의 "그 사물은 자유롭다고 말해진다"에서 "고 말해진다"를 생략했다.

자유의 정의에 따르면 하느님은 만물의 자유로운 원인이다. 이리하여 스피노자는 다음 두 따름정리를 얻는다.

정리 I17의 따름정리: 첫째, 하느님 자신의 완전한 됨됨이 말고는 안쪽이든 바깥쪽이든 하느님이 행위하도록 부추기는 다른 원인은 없다. 둘째, 하느님만이 홀로 자유 원인이다.

하느님만이 홀로 자유 원인이기에 개별 사람이든 개별 물체든 이들은 자유로운 원인일 수 없다. 스피노자는 "하느님은 자유 원인이다"의 뜻을 정리 I17의 주석에서 아주 길게 해설한다. "하느님은 자유 원인이다"를 제대로 이해하려면 하느님의 지성 및 의지가 사람의 지성 및 의지와 아예 다름을 이해해야 한다.

우리는 보통 "한 행위자가 X를 자유롭게 행위한다면 그는 X를 행위하지 않을 수도 있었다"고 생각한다. 우리는 자유 의지를 이렇게 이해한 뒤 하느님의 자유 의지도 이와 똑같은 방식으로 이해한다. 곧 하느님이 사물 X를 자유롭게 일으키거나 생성했다면 그는 사물 X를 일으키지 않을 수 있었거나 생성하지 않을 수도 있었다고. 통상의 이해에 따르면 하느님은 모든 사물을 창조하지는 않고 그의 절대 의지에 따라 또는 그의 자유로운 선택에 따라 몇몇 사물만을 골라 창조한다. 그는 몇몇 사물은 생기기를 바라고 몇몇 사물은 생기기를 바라지 않는다. 하지만 스피노자는 이것이 하느님의 자유와 의지를 완전히 잘못 이해하는 일이라 비판한다.

스피노자는 삼각형의 보기를 든다. 삼각형을 제대로 뜻매김한다면 삼각형의 내각을 더하면 반드시 180도가 나와야 한다. 우리는 더 쉬운 보기를 들 수 있다. 1과 2를 제대로 뜻매김한다면 2보다 1이 더 클 수는 없다. 삼각형의 뜻매김으로부터 추론될 수 있는 모든 모습은 삼각형에서 실제로 드러나는 모습이다. 마찬가지로 하느님의 뜻매김으로부터 추론될 수 있는 모든 일은 세계에서 실제로 벌어지는 일이다. 스피노자는 세계 안에 또는 하느님 안에서 일어남직한 일과 있음직한 모든 사물이 현존한다고 생각하는 듯하다. 이 때문에 하느님은 일부 사물은 창조하지 않고 일부 사물만 창조하는 선택의 자유를 갖지 않는다. 스피노자가 볼 때 하느님이 선택의 자유가 있다고 생각하는 일은 자유를 잘못 이해하는 일이다.

만일 세계에 사물 X가 현존한다면 그것은 하느님의 필연성에 따라 현존한다. 곧 하느님은 사물 X가 반드시 현존하도록 행위한다. 만일 사물 X가 하느님의 필연성에 따라 현존한다면 사물 X가 현존하지 않는 일은 일어날 수 없다. 따라서 하느님은 사물 X가 현존하지 않도록 행위할 수 없다. 이처럼 스피노자는 삼각형처럼 수학 대상의 본모습이 실현된

구체 사물의 본모습에도 똑같이 적용된다고 가정한다. 이 가정은 세계와 그 안의 사물을 지성으로 헤아릴 수 있고 알 수 있음을 보장하려는 이성주의자의 가정이다.

17세기의 학자들은 대부분 원인과 결과 사이의 필연 연결을 믿었다. 원인이 일단 주어지면 그에 따른 결과가 반드시 뒤따른다. 뉴턴의 『자연철학의 수학 원리』1687가 나온 뒤 물리학은 물질의 법칙을 필연화하는 데 거의 성공했다. 오늘날에도 많은 물리학자가 "일어날 일은 반드시 일어난다"고 말들 한다. 그들에 따르면 그 일이 일어나지 않을 수는 없었다. 스피노자에 따르면 세계 안의 일들이 세계 자신의 법칙에 따라 반드시 일어난다면 세계는 자유로운 원인이다. 하느님 안의 일들이 하느님 자신의 법칙에 따라 반드시 일어나기에 하느님은 자유로운 원인이다.

하느님이 지성을 갖는다면 그 지성은 무한하다. 하느님은 그 무한 지성의 다스림 안에 들어오는 모든 것을 생성한다. 그는 일부는 현실화하고 일부는 가능성으로만 남겨 두지는 않는다. "삼각형의 내각을 더하면 반드시 180도가 나온다"가 한때는 진실이고 한때는 거짓일 수 없다. 이것은 영원한 진실이다. 하느님의 됨됨이로부터 반드시 따라 나오는 모든 일도 영원한 진실로서 일어난다. 하느님한테서 나온 모든

사물은 똑같은 필연성, 한결같은 필연성, 영원한 필연성을 지닌다. 스피노자는 이를 두고

> "하느님의 전능은 영원부터 현실화되어왔고 똑같은 현실성으로 영원까지 유지될 테다"정리17주석

고 말한다. 하느님의 무한한 힘은 잠재된 가능성이 아니라 지금 현실화되어 펼치는 현실태에네르게이아다. 그의 전능은 현실태로서 영원부터 영원까지 펼쳐진다. 이 때문에 하느님의 무한 지성 안에 들어오는 모든 사물은 반드시 생성된다. 몇몇 사물은 생성되고 몇몇 사물은 생성되지 않는 일은 일어나지 않는다. 하느님의 자유는 자신의 됨됨이에 따라 헤아리는 모든 사물을 자기 스스로 반드시 생성하는 자유다.

스피노자는 자신의 체계가 하느님의 전능을 가장 완전하게 드러낸다고 생각한다. 그가 보기에 하느님에게 선택 자유를 주려는 자신의 반대자들은 오히려 하느님의 전능을 부정한다. 그들에 따르면 만일 창조할 수 있는 사물을 하느님이 실제로 모두 창조한다면 새로 더 창조할 사물이 남지 않아서 하느님은 창조할 힘을 잃는다. 이 때문에 하느님은 자기 힘이 미치는 모든 사물을 한꺼번에 창조하지 않는다. 하

느님은 창조할 사물을 아껴두어야 한다. “그들은 하느님이 실제로 헤아리는 모든 사물을 현존하게 할 수 있다고는 믿지 않는다.”같은곳 여기서 “하느님이 실제로 헤아리는”은 ‘하느님이 헤아리는 행위를 지금 실제로 펼치는’을 뜻한다.

스피노자가 볼 때 지금 마음에 두는 일을 지금 실현하지 못하는 지성은 완벽하게 전능하지는 않다. 그 지성은 망설이는 마음이며 이리저리 고민하는 마음이다. 완전한 지성은 완전한 의지며 완전히 실현하는 의지다. 하느님은 영원부터 영원까지 생각하며 그의 생각과 더불어 사물이 생성된다. 하느님은 이리저리 고민하는 지성이 아니며 이랬다저랬다 하는 행위자가 아니다. 하느님은 자유롭지만 주저하지 않으며 변덕스럽지 않다. 라이프니츠의 하느님은 가능한 세계들 가운데 가장 좋은 세계를 고르고 그것을 실현한다. 스피노자의 하느님은 세계를 고르지 않는다. 그에게 가능한 세계는 오직 하나밖에 없으며 그것은 현존하는 바로 그 자신이다.

우리가 하느님에게 줄 수 있는 지성 및 의지는 우리가 사람한테 주는 지성 및 의지와 매우 다르다. 사람의 지성은 지성 대상이 먼저 있고 그 대상을 헤아린다. 또는 지성 대상이 현존하는 바로 그 시점에 지성이 그 대상을 헤아린다. 하지만 하느님의 지성은 이미 현존하는 대상을 표상하지 않는다. 그 대신 하느님의 지성은 그 대상의 본모습과 됨됨이를 표상함으로써 그 대상을 실현한다. 여기서 "표상"은 스피노자에게 '하느님의 지성 안에 객체로 있음'이다.

스피노자에게 '하느님의 지성 안에서 표상된 사물'은 '실제로 실현된 사물'과 같다. 그는 나중에 퍼진 물체와 그 마음 표상을 한 사물의 다른 모습으로 여긴다. 사물은 하느님의 지성 안에 객체가 됨으로써 그 본모습을 지닌 채 현존한다. 하느님의 지성은 사물의 본모습과 현존의 원인이다. 하느님의 지성은 대상 자체를 창출하기에 지성의 대상보다 지성 자체가 더 앞서 있다. 하느님의 지성은 우리 지성의 본모습과 현존을 낳는 원인이기도 하다. 원인과 결과가 다르듯이 그의 지성과 우리의 지성은 다르다. 또한 그의 지성은 본모습 차원에서 우리와 다르고 현존 차원에서도 우리와 다르다. 하느님의 지성을 우리 지성과 비슷한 방식으로 생각하지 않아야 한다. 이는 하느님의 의지에 대해서도 마찬가지다.

0504. 영원함

오늘날 사물과 사물 또는 사건과 사건의 인과 관계는 시간 관계며 우연 관계다. 시간의 관점에서 보면 원인은 시간상 앞서고 결과는 시간상 뒤선다. 하지만 하느님은 사물이 생기기 전에 홀로 현존하는 원인이 아니다. 왜냐하면 하느님과 그의 창조물은 시간 관계를 맺지 않기 때문이다. 공리 I03에 따르면 "결정하는 원인이 주어지면 그로부터 결과가 반드시 뒤따른다." 이를 보건대 스피노자에게 인과 관계는 어쩌다 관계가 아니라 반드시 관계며 필연 관계다. 필연 관계는 시간 안에서 이루어지는 관계가 아니다. 따라서 스피노자에게 하느님과 다른 사물 사이의 인과 관계는 시간 안에서 이루어지지 않는다. 하지만 우리가 사물과 사물이 시간 안에서 인과 관계를 맺는 양 느낄 수는 있다.

하느님은 자기 안에 내부 결과를 낳는 내부 원인이며 반드시 그 결과를 낳는 필연 원인이며 시간을 떠나 그 결과를 내는 '영원한' 원인이다. 스피노자가 표현 "영원"을 쓰는 까닭은 하느님의 현존이 시간 흐름으로 설명할 수 없다고 생각하기 때문이다. 필연 진실이 시간 안에 있지 않듯 필연 존재도 시간 안에 있지 않다. 스피노자에게 '시간'은 '지속'이다. 그는 표현 "영원성"을 "시간성"이나 "지속성"과 대비하여 사용한다. 그에 따르면 영원은 '시작도 끝도 없는 지속'과도 다르다. 하느님의 현존은 무한 지속이든 유한 지속이든 지속으로 설명할 수 없다. 한 사물이 무한히 지속하더라도 그 현존에 필연성이 없다면 그 사물은 영원하지 않다. 하느님은 시간 안에서 지속하지 않으며 다만 필연성을 지닌 채 현존한다.

우리는 하느님의 뜻매김[정의]으로부터 "하느님은 현존한다"를 추론할 수 있다. 이는 그의 됨됨이와 본모습 안에 '현존'이 이미 담겼음을 뜻한다. 하느님은 본디 현존한다. 그가 현존한다는 이 진실은 필연 진실이며 영원한 진실이다. 스피노자는 "영원함"을 다음처럼 뜻매김한다.

> **정의 108: 오로지 사물의 뜻매김으로부터만 그 사물의 현존이 반드시 따라 나오도록 그 현존이 개념화되었다면 그 현존은 영원하다.**

원문을 그대로 옮기면 다음과 같다. "나에게 영원성은 오로지 영원한 사물의 뜻매김으로부터만 그 사물의 현존이 반드시 따라 나오도록 그 현존이 개념화되는 한에서 그 현존 자체를 뜻한다." 나는 "영원한 사물의 뜻매김으로부터만"을 "사물의 뜻매김으로부터만"으로 바꾸었다. "영원함"을 뜻매김하면서 표현 "영원한 사물"을 쓰는 일은 바람직하지 않다.

하느님의 현존은 그의 뜻매김으로부터 반드시 따라 나

온다. "영원하다"의 뜻매김에 따르면 하느님의 현존은 영원하다. 이를 "하느님은 영원하다"고 달리 말할 수 있다. 하느님은 정의상 모든 속모습[속성]을 끝없이 많이 갖는다. 하느님이 가진 속모습의 뜻매김으로부터 그 속모습의 현존이 반드시 따라 나온다. 따라서 하느님이 가진 모든 속모습의 현존은 영원하다. 곧 하느님의 모든 속모습은 영원하다.

정리 119. 하느님 또는 그의 모든 속모습은 영원하다.

스피노자는 "하느님의 모든 속모습은 영원하다"를 다소 다르게 증명한다. 그의 증명은 야릇한데 짧게 줄이면 대략 다음과 같다. "하느님의 정의에 따르면 하느님의 각 속모습은 그의 영원한 본모습을 표현한다. 따라서 그의 각 속모습은 영원하다."

하느님의 본모습 안에는 그의 영원한 현존이 담겼다. 곧 하느님의 본모습으로부터 "하느님은 현존한다"가 반드시 따라 나온다. 또한 하느님의 각 속모습 안에는 그 속모습의 영원한 현존이 담겼고 나아가 그의 영원한 현존이 담겼다. 달리 말해 하느님의 각 속모습으로부터 "하느님은 현존한다"가 반드시 따라 나온다. 스피노자는 이를 두고 "하느님의 각 속모습은 하느님의 현존을 이룬다"고 표현한다. 또한 그에게 다음 네 표현은 서로 바꾸어 쓸 수 있다.

◦ 각 X로부터 E가 반드시 따라 나온다.
◦ 각 X는 E를 설명한다.
◦ 각 X는 E를 나타낸다.
◦ 각 X는 E를 이룬다.

스피노자는 "하느님의 각 속모습은 하느님의 본모습을 나타낸다"를 "하느님의 각 속모습은 하느님의 본모습을 이룬다"고 달리 표현한다.

하느님의 각 속모습은 하느님의 현존을 이루며 또한 하느님의 본모습을 이룬다.

> "하느님의 영원한 본모습을 설명하는 그의 똑같은 그 속모습들이 동시에 그의 영원한 현존을 설명한다. 곧 하느님의 본모습을 이루는 바로 그것이 동시에 그의 현존을 이룬다."정리I20증명

그다음 스피노자는 다음을 가정한다.

각 속모습이 G의 현존을 이룰 뿐만 아니라 동시에 G의 본모습도 이룬다면 G의 현존과 G의 본모습은 똑같다.

달리 말해 G의 현존을 구성하는 요소가 동시에 G의 본모습을 구성한다면 G의 현존과 G의 본모습은 똑같다.

스피노자는 이 가정으로부터 "하느님의 현존은 하느님의 본모습[본질]과 똑같다"를 얻는다.

정리 I20: 하느님의 현존과 그의 본모습은 똑같은 하나다.

스피노자는 이 정리를 바탕으로 "하느님의 현존은, 그의 본모습과 마찬가지로, 영원한 진실이다"를 따름정리로 이끈다. 또 다른 따름정리로서 "하느님 곧 그의 모든 속모습은 바뀌지 않는다"를 이끈다. 하느님의 속모습 가운데 하나가 더는 현존하지 않는다면 이는 그의 본모습이 바뀌는 일이다. 우리는 정리 I20과 두 따름정리를 헤아리는 데 어려움을 겪는다. 무엇보다 이 정리가 뜻하는 바를 잘 몰라 다소 어리둥절하다. 우리는 "하느님의 각 속모습은 하느님의 본모습을 이룬다"를 넉넉히 받아들일 수 있다. 하지만 "하느님의 각 속모습은 하느님의 현존을 이룬다"에는 머뭇거린다. 이는 오히려

"하느님의 각 속모습은 현존하는 하느님을 이룬다"로 바꾸어야 할 듯하다. 이 경우 정리 I20은 다음처럼 바뀐다. "현존하는 하느님과 그의 본모습은 똑같은 하나다."

06.

세계의 모습

세계의 첫 모습은 무궁하고 무한하다. 세계의 딸림 모습은 무궁하고 무한하다. 무궁하고 무한한 모습은 세계의 첫 모습이거나 그 딸림 모습이다. 세계의 가장 큰 힘 또는 끝없는 됨됨이로부터 끝없이 많은 모습으로 끝없이 많은 것들 곧 모든 사물이 반드시 흘러나왔고 언제나 뒤따른다. 세계는 사물의 현존을 일으키는 원인일 뿐만 아니라 그 사물의 현존을 버티는 원인이기도 하다.

스피노자의 체계에서 가장 중요한 개념은 '실체' 개념, '속모습'속성 개념, '모습'양태 개념이다. 그는 이들 개념을 각각 다음처럼 뜻매김한다.

- **정의 I03: 실체는 제 안에 있는 것이며, 저 자신을 거쳐 개념화되는 것 곧 그 개념이 맺히는 데 다른 것의 개념이 필요하지 않은 것이다.**
- **정의 I04: 속모습속성은 지성이 실체를 개념화할 때 개념상 실체의 본모습본질을 이루는 것이다.**
- **정의 I05: 모습양태은 실체의 바꿈변용인데 다른 것 안에 있는 것이며 그 다른 것을 거쳐 그것이 개념화된다.**

정의 I04에서 쓰인 표현 "지각하다"페르시페레를 나는 "개념화하다"콘시페레로 바꾸었다. 이 정의를 원문에 더 가깝게 옮기면 "속모습은 지성이 실체를 지각할 때 실체의 본모습을 이루는 것으로 지각하는 것이다"다.

0601. 측면과 어휘

정의 I04에 나오는 지성은 누구의 지성인가? 스피노자에 따르면 적어도 사람의 지성은 실체를 개념화할 때 두 속모습 '생각'과 '퍼짐'을 실체에게 준다. 사람의 지성이 실체를 이해하는 방식에 따르면 '생각'과 '퍼짐'은 실체의 본모습을 이룬다. 이는 『에티카』 제2부에 나오는 첫째 정리와 둘째 정리다.

◦ **정리 II01: 생각은 하느님의 한 속모습이며 곧 하느님은 생각하는 사물이다.**
◦ **정리 II02: 퍼짐은 하느님의 한 속모습이며 곧 하느님은 퍼진 사물이다.**

이들 정리의 증명은 이 책에서 다루지 않겠다. 무한한 지성이 있다면 아마도 그 지성은, '생각'과 '퍼짐' 말고도, 실체의 본모습을 이루는 다른 속모습을 파악한다.

실체는 속모습 '생각'을 갖기에 실체는 생각하는 실체다. 또한 실체는 속모습 '퍼짐'을 갖기에 실체는 퍼진 실체다. 스피노자는 나아가 실체가 하나뿐이며 실체가 무한하고 토막날 수 없음을 증명한다. 또한 그의 체계에서 실체는 끝없이 많은 속모습을 가지며 모든 속모습을 갖는다. 나는 이제 스피노자의 "실체"를 "세계"라 하겠다. 내가 표현 "세계"를 쓸 때마다 이는 스피노자의 '실체'를 뜻한다. 참고로 낱말

"우주"는 멋진 표현인데 나는 이 표현을 "코스모스"의 번역어로 아껴둔다. 스피노자의 체계에 따라 세계를 실체로 이해한다면 세계는 하나뿐이고 토막날 수 없다. 또한 세계는 끝없이 많은 속모습을 가지며 모든 속모습을 갖는다. 무엇보다 세계는 속모습 '생각'을 갖기에 세계는 생각한다. 낱말 "하느님"은 '세계의 생각 측면', '생각하는 세계', '이해된 세계', '해석된 세계'를 뜻하는 표현으로 더 잘 어울린다. 또한 세계는 속모습 '퍼짐'을 갖기에 세계는 퍼진다. 낱말 "자연"은 '세계의 퍼짐 측면', '퍼진 세계', '물리 세계', '측정된 세계'를 뜻하는 표현으로 더 잘 어울린다. 물론 스피노자에게 표현 "하느님"과 "자연"은 같은 사물 곧 같은 실체를 가리킨다.

정리 I10에 따르면 "각 속모습은 저 자신을 거쳐 개념화되어야 한다." 이는 속모습 '생각'과 속모습 '퍼짐'이 마치 실체처럼 그 자체로 독립된 존재임을 뜻한다. 만일 실체가 오직 하나뿐이고 실체의 각 속모습이 마치 하나의 실체면 실체와 그 속모습은 같아야 한다. 스피노자에 따르면 실체와 그 본모습이 똑같듯 실체와 그 속모습도 똑같다. 스피노자를 연구하는 학자에게 논제 "실체와 그 속모습은 똑같다"는 수수께끼다. 왜냐하면 스피노자에 따르면 실체의 속모습은 끝없이 많기 때문이다. 만일 실체와 그 속모습 '생각'이 똑같다면 실체는 '생각'이다. 만일 실체와 그 속모습 '퍼짐'이 똑같다면 실체는 '퍼짐'이다. 하지만 스피노자에게 '생각'과 '퍼짐'은 다르다.

우리는 "'생각'과 '퍼짐'은 다르지만 실체는 '생각'이며 실체는 '퍼짐'이다"를 어떻게 이해해야 하는가? 속모습 '생각'과 '퍼짐'은 지성이 실체를 개념화 · 이해 · 파악 · 인식하는 두 가지 방법이다. '생각'과 '퍼짐'은 지성이 실체를 인식하는 서로 다른 방법이다. 프레게는 '사물이 지성에게 주어지는 방식'을 "뜻" 또는 "의미"라 했다. '생각'과 '퍼짐'은 의미 차원에서 다르며 지시 차원에서는 똑같다. 우리는 "'생각'과 '퍼짐'은 다르지만 실체는 '생각'이며 실체는 '퍼짐'이다"를 그냥 "생각하는 실체와 퍼진 실체는 똑같은 하나다" 또는 "생각하는 실체는 곧 퍼진 실체다"로 이해한다. "생각하는 실체"가 가리키는 것과 "퍼진 실체"가 가리키는 것은 똑같다. 하지만 "생각하는 실체"가 뜻하는 바와 "퍼진 실체"가 뜻하는 바는 다르다. "생각하는"의 뜻은 "퍼진"의 뜻으로 바꿀 수 없으며 "퍼진"의 뜻은 "생각하는"의 뜻으로 바꿀 수 없다.

나아가 나는 "각 속모습은 저 자신을 거쳐 개념화되어야 한다"를 "각 속모습은 사물을 저 나름으로 기술하는 언어 또는 어휘다"로 이해한다. 생각하는 세계는 세계를 '생각 어휘'로 기술한 세계다. 퍼진 세계는 세계를 '퍼짐 어휘'로 기술한 세계다. 이 점에서 속모습 '생각'은 '생각 어휘의 체계'고 속모습 '퍼짐'은 '퍼짐 어휘의 체계'다. 생각 어휘는 퍼짐 어휘를 대신할 수 없으며 퍼짐 어휘는 생각 어휘를 대신할 수 없다. 생각 어휘로 세계를 기술하면 세계의 생각 측면이 드러나고 퍼짐 어휘로 세계를 기술하면 세계의 퍼짐 측면이 드러난다. 이 점에서 "의미", "뜻", "어휘"는 "측면"으로 달리 표현할 수 있다. 사물의 측면은 그 사물의 본모습을 드러내는 측면이다. 속모습 '생각'은 실체의 한 측면이며 속모습 '퍼짐'은 그 실체의 다른 측면이다.

스피노자는 여러 속모습을 도입함으로써 세계에 여러 측면이 있음을 허용한다. 만일 그의 체계가 오직 한 세계와 오직 한 측면만을 인정한다면 그의 세계는 마치 파르메니데스의 '하나'처럼 다채로움이 아예 없는 매끈한 구슬을 닮았을 테다. 그 안에 여러 사람이 있을 수 없고 여러 마음 또는 여러 몸이 있을 수 없다. 스피노자의 세계는 여러 속모습 여러 측면을 갖는다. 하지만 세계가 여러 측면을 갖더라도 세계가 토막날 수 없고 그 자체로 무한하다면 세계 안에 유한한 토막 자체가 생길 수 없지 않은가? 스피노자의 말처럼 만일 모든 사물이 토막날 수 없는 무한한 실체로부터 비롯된다면 모든 사물은 그 자체로 토막날 수 없고 무한해야 하지 않은가? 스피노자는 당연히 유한한 토막의 '존재'를 인정한다. 무엇보다 사람 몸은 퍼진 세계의 유한한 토막이고 사람 마음은 생각하는 세계의 유한한 토막이다. 스피노자는 자신의 체계가 유한한 토막을 허용할 수 있음을 보여야 한다.

0602. 첫 모습

스피노자에 따르면 모습[양태]은 실체 안에 있으며 실체를 거쳐 개념화된다. 모습은 실체의 바꿈[변용]이다. 마틴 린은 2019년 책 『존재와 이성』에서 스피노자의 '모습' 개념을 다음처럼 간추렸다.[118쪽]

- 모습은 다른 실체에 귀속 및 서술되는 모습이 아니라 실체의 다른 모습이다.
- 모습은 보편자 · 추상물 · 속성 · 성질이 아니라 개별자 · 구체물 · 사물 · 물건이다.

모습이 실체 안에 있다는 말은 모습이 실체의 성질임을 뜻하지 않는다. 만일 모습이 실체의 성질이면 '빨강'이나 '넓음'

처럼 모습을 추상물이나 보편자로 여겨야 한다.

린은 실체와 모습의 관계에 맞는 보기로서 손과 주먹의 관계를 든다. 손이 사라지면 주먹도 사라진다. 하지만 주먹이 사라지더라도 손은 사라지지 않는다. 주먹은 손에서 비롯된 사물이다. 이 점에서 손과 주먹 사이에 비대칭성이 있다. 손은 주먹을 산출하지만 주먹이 손을 산출하지는 않는다. 이는 실체와 모습 사이의 관계와 비슷하다. 여기서 중요한 점은 주먹이 추상물이나 보편자가 아니라는 사실이다. 주먹은 손의 성질이 아니다. "큰 주먹", "단단한 주먹", "무른 주먹" 따위 표현을 보건대 주먹은 그 자체로 성질을 갖는다. 주먹은 스스로 성질을 갖는 주체며 구체 개별자다. 주먹은 그 자체로 하나의 물건이다. 다만 주먹은 손의 다른 모습이며 손의 바뀜이다. 주먹은 손의 손가락이 모두 안쪽으로 구부리고 손바닥쪽으로 오므려 쥔 손의 모습이다. 주먹은 손이 모종의 조건에 따라 바뀐 모습이다.

마찬가지로 실체의 모습은 실체가 모종의 조건에 따라 실체가 바뀐 모습이다. 마틴 린은 표현 "주먹은 손이 오므리는 한에서 손이다"를 실체와 그 모습에 적용한다. 곧

모습 m은 실체가 M하는 한에서 실체다.

상태 또는 조건 M은 실체가 처한 조건이다. 모습 m은 그 조건 M에 따라 실체가 자라고 바뀌는 모습이며 그 조건에 따라 실체가 낳고 생성한 결과다. 모습 m은 실체가 조건 M을 만족하는 한에서 그 실체다. 스피노자는 모습의 한 보기로 무한 지성을 들었다. 무한 지성은 실체가 무한히 생각하고, 헤아리고, 개념화하고, 파악하고, 이해하고, 아는 한에서 그 실체다. 스피노자는 모습을 이야기할 때마다 표현 "하는 한에서"를 매우 자주 쓴다.

라틴 낱말 "아펙티오"변용는 실체가 주체 또는 원인이 되어 스스로 자신을 펼쳐 빚어진 결과로 생긴 다른 모습이다. 라틴 낱말 "모디피카티오"변양는 지성이 실체를 척도화하고, 양식화하고, 한계지음으로써 드러난 실체의 다른 모습이다. 지성이 '퍼짐'의 어휘로 실체를 기술할 때 실체는 몸의 모습으로 드러난다. 지성이 '생각'의 어휘로 실체를 기술할 때 실체는 마음의 모습으로 드러난다. 이때 드러난 실체의 다른 모습이 모습 · 바꿈 · 바뀜 · 양태 · 변용 · 변양 · 모두스 · 아펙티오 · 모디피카티오다. 주먹이 손의 다른 모습으로서 하나의 구체 사물이듯 실체의 모습은 하나의 구체 사물이다.

우리가 "코스모스"라 부르는 구체 개별 사물은 퍼짐의 속모습을 써서 개념화된 전체 자연 세계의 모습이다. 코스모스는 그 자체로 거대한 물체며 구체 개별 사물이다. 이 물체는 그 크기가 무한하다. 코스모스는 퍼짐의 측면에서 본 세계의 무한한 모습이다. 스피노자에 따르면 이 코스모스는 실체 · 세계의 한 모습이다. 세계가 이러저러한 조건을 만족하는 한에서 그 세계의 모습이다. 한편 나의 몸은 코스모스를 이루는 유한한 토막 물체다. 유한한 토막 물체로서 나의 몸은 코스모스의 부분이다. 코스모스의 부분은 일정 조건에 따라 양식화되고 측정되고 분할된 코스모스의 모습이다. 나의 손은 내 몸의 부분이다. 내 몸의 부분은 일정 조건에 따라 양식화되고 측정되고 분할된 내 몸의 모습이다. 나의 주먹은 내 손의 부분이 아니지만 일정 조건을 만족하는 내 손의 모습이다. 스피노자의 체계는 실체에서 코스모스까지, 코스모스에서 내 몸, 내 손, 내 주먹, 나아가 세포 및 알갱이까지 온갖 모습들의 생성을 나름대로 설명해야 한다. 이를 설명하려면 실체와 그 모습의 관계, 전체와 그 부분의 관계, 모습과 '그 모습의 모습' 사이 관계를 설명해야 한다.

실체에서 모습이 비롯되는 과정은 여러 단계로 나눌 수 있다. 『스탠퍼드 철학 백과사전』에 실린 새뮤얼 뉴랜즈의 「스피노자의 양상 형이상학」2023은 이 과정을 잘 간추린다.[29쪽] 먼저 실체의 속모습에서 이른바 '직접 무한 모습'이 뒤따르고,

그다음 직접 무한 모습에서 이른바 '간접 무한 모습'이 뒤따른다. 유한 모습은 간접 무한 모습을 이루는 부분이며 간접 무한 모습의 토막이다. 유한 모습의 무한 꾸러미는 전체로서 하나의 간접 무한 모습이다. 뉴랜즈는 돈 가렛의 「스피노자 철학에서 자연과 필연성」2018에 나오는 해석을 따른다. 나는 이츠하크 멜라메드의 『스피노자의 형이상학: 실체와 생각』2013 제4장 「무한 모습」에 나오는 설명에 따라 뉴랜즈의 요약을 다듬는다.

제1단계에서는 실체의 절대 됨됨이로부터 '첫모습' 또는 '직접 무한 모습'이 곧바로 뒤따른다. 첫 모습은 실체의 절대 됨됨이로부터 곧바로직접 뒤따르는 실체의 모습이다. 한 속모습으로부터 그 됨됨이에 따라 그 첫 모습이 곧바로 뒤따른다. 한 속모습에 한 첫 모습이 대응된다. 제2단계에서는 첫 모습에서 버금 모습이 뒤따른다. 제3단계는 버금 모습이 시간 흐름에 따라 버금딸림 모습으로 쪼개지는 단계다. 제4단계는 버금딸림 모습이 공간 구역에 따라 끝없이 많은 유한 토막들로 쪼개지는 단계다.

유한 토막 모습들의 무한 꾸러미는, 전체로서 헤아리는 한에서, 실체의 절대 됨됨이로부터 에둘러 뒤따르는 모습이다. 실체의 절대 됨됨이로부터 에둘러간접 뒤따르는 모습을

"딸림 모습" 또는 "간접 무한 모습"이라 한다. 이름들이 헷갈릴 텐데 실체의 무한 모습들을 부르는 우리의 이름은 다음과 같다.

직접 무한 모습		첫 모습
제1차 간접 무한 모습	첫째 딸림 모습	버금 모습
제2차 간접 무한 모습	둘째 딸림 모습	버금딸림 모습
제3차 간접 무한 모습	셋째 딸림 모습	

제4단계에서 생성된 유한 토막들의 전체 꾸러미는 셋째 딸림 모습이다.

제5단계에서는 유한 토막 모습들의 전체 꾸러미에서 한 부분을 떼어놓고 이를 나머지 모습과 관계짓는다. 한 개별 유한 토막 모습을 나머지 다른 토막 모습과 관계지어 개념화한다면 그 개별 유한 토막 모습은 실체의 상대 됨됨이로부터 뒤따른다. 개별 유한 토막 모습은 실체의 됨됨이만으로부터 뒤따르지 않고 끝없이 많은 다른 유한 토막 모습들과 관계지어서만 실체로부터 뒤따른다. 이 때문에 그 모습은 실체의 비절대 모습이며 상대 모습이다. 하지만 유한 토막 모습들의 전체 꾸러미에서 한 개별 유한 토막 모습을 나머지 다른 토막 모습과 무관하게 개념화한다면 그 개별 유한 토막 모습은 실체의 됨됨이로부터 아예 뒤따르지 않는다.

스피노자는 이미 정리 I16에서 "하느님이 지닌 됨됨이의 필연성으로부터, 끝없이 많은 모습으로 끝없이 많은 것들이, 곧 무한 지성이 헤아릴 수 있는 모든 것들이, 뒤따라야 한다"고 주장했다. 이 정리에 따르면 실체로부터 생긴 모습들의 개수 자체가 끝없이 많다. 나아가 스피노자에 따르면 실체의 됨됨이로부터 반드시 뒤따르는 모습은 하나하나 무한하다. 하나의 모습, 양태[모두스], 변용[아펙티오], 변양[모디피카티오]이 무한할 수 있다고 생각하는 철학자는 스피노자가 거의 유일하다. 그는 실체로부터 실체의 무한 모습들이 비롯되는 과정을 정리 I21, 정리 I22, 정리 I23에서 기술한다.

먼저 정리 I21에 따르면 실체의 됨됨이만으로부터 반드시 뒤따르는 모습은 실체를 닮아 그 자체로 영원하고 무한하다.

> **정리 I21: 하느님의 속모습이 가진 절대 됨됨이로부터 뒤따르는 모든 것은 언제나 현존해야 하고 무한해야 한다. 곧 그것들은 바로 그 속모습에 따라 영원하며 무한하다.**

여기서 "하느님의 속모습"은 '하느님의 속모습들 가운데 아무 한 속모습'이나 '하느님의 한 속모습'으로 이해해도 된다. "한 속모습의 절대 됨됨이"는 '다른 실체, 다른 속모습, 실체의 다른 모습을 고려하지 않고 오직 그 속모습만이 홀로 가진 고유한 됨됨이'로 이해할 수 있다. 이 정리에서 "그 속모습에 따라"는 "그 속모습을 통해"나 "그 속모습을 거쳐"로 달리 쓸 수 있다. 이는 '그 속모습의 관점 · 측면 · 어휘 · 체계에서 개념화 · 파악 · 이해 · 추론하면'을 뜻한다.

우리 지성이 고려할 수 있는 실체는 오직 하느님 · 자연 · 세계밖에 없다. 우리 지성이 고려할 수 있는 실체의 속모습은 '생각'과 '퍼짐'밖에 없다. '생각의 절대 됨됨이'는 '퍼짐이나 다른 모습을 고려하지 않고 오직 생각만이 홀로 가진 고유한 됨됨이'다. '퍼짐의 절대 됨됨이'는 '생각이나 다른 모습을 고려하지 않고 오직 퍼짐만이 홀로 가진 고유한 됨됨이'다. '생각의 절대 됨됨이'로부터 아주 많은 것들이 뒤따른다. 또한 '퍼짐의 절대 됨됨이'로부터 아주 많은 것들이 뒤따른다. 우리 지성은 파악하지 못하지만 '속모습 X의 절대 됨됨이'로부터 아주 많은 것들이 뒤따른다. '하느님의 한 속모습이 가진 절대 됨됨이로부터 뒤따르는 것'은 '그 속모습의 절대 됨됨이에 따라 하느님이 스스로 자라는 모습이고, 그에 따라 하느님이 생성하는 결과며, 하느님이 그 됨됨이에 따라 바뀌는 모습'이다. 그 모습은 그 속모습 측면에서 개념화된 하느님의 모습이다.

몇몇 학자는 "한 속모습의 절대 됨됨이"를 '아직 바뀌기 전에 그 속모습의 됨됨이'로 이해한다. 말하자면 '날 됨됨이' 또는 '맨 됨됨이'다. 그것은 아직 양식화되지 않고, 조율되지 않고, 한정되거나 수식되지 않은, 있는 그대로의 됨됨이다. 이로부터 뒤따른 실체의 첫 모습은 그 속모습으로부터 곧바로 뒤따른 모습이다. 우리는 정리 I21에서 말하는 "하느님의 한 속모습이 가진 절대 됨됨이로부터 뒤따르는 것"을 "하느님의 직접 모습"으로 부르겠다. "직접 모습"보다 더 나은 이름은 "첫 모습" 또는 "으뜸 모습"이다. 스피노자는 정리 I28 주석에서 표현 "첫 사물"을 쓴다.

속모습 X의 첫 모습은 여러 가지로 표현된다.

◦ 속모습 X의 절대 됨됨이로부터 뒤따른 모습
◦ 속모습 X의 됨됨이로부터 곧바로 뒤따른 모습
◦ 오직 속모습 X의 됨됨이만으로부터 반드시 뒤따른 모습

표현 "첫 모습"을 써서 정리 I21을 짧게 나타낼 수 있다.

정리 I21: 하느님의 모든 첫 모습은 언제나 현존하고 무한하다.

세계의 첫 모습은 세계의 됨됨이가 맨 처음 바뀜으로써 생긴 모습이다. 물론 이 "처음"은 시간의 처음이 아니다. '시간' 개념은 퍼짐 어휘에 속하는가 생각 어휘에 속하는가? 나는 편의상 '시간' 개념을 모든 모습에 공통으로 쓰이는 개념으로 여기겠다. 퍼짐의 됨됨이로부터 곧바로 뒤따른 첫 모습은 아마 세계를 시간과 공간 안에서 기술할 때 나타나는 처음 모습이다. 그것은 운동 법칙, 보존 법칙, 물리 법칙, 자연 법칙, '움직임과 멈춤', '멈춤과 움직임을 낳는 무한 시공간'이다. 생각의 됨됨이로부터 곧바로 뒤따른 첫 모습은 아마 세계를 이성의 공간 또는 개념 공간 안에서 기술할 때 나타나는 처음 모습이다. 그것은 이성 법칙, 논리 법칙, '개념 관계를 낳는 무한 지성'이다.

0603. 첫 모습은 무한하고 무궁하다

정리 I21은 한 속모습의 됨됨이로부터 곧바로 뒤따르는 첫 모습이 끝없이 많다고 말하지 않는다. 다만 하느님의 속모습이 끝없이 많기에 그로부터 곧바로 뒤따라 나오는 첫 모습도 끝없이 많을 뿐이다. 스피노자 연구자들은 대부분 하느님의 한 속모습에 대응하는 첫 모습이 오직 하나밖에 없다고 본다. 만일 하느님의 한 속모습에 대응하는 첫 모습이 오직 하나밖에 없다면 정리 I21은 다음처럼 고칠 수 있다.

> 정리 I21 : 하느님의 첫 모습은 언제나 현존하고 무한하다.

이 정리에 따르면 '한 속모습의 절대 됨됨이'로부터 곧바로 뒤따라 나오는 세계의 첫 모습은 그 자체로 무한하다. 그 첫 모습은 왜 무한한가?

'무한함'은 '유한하지 않음'이다. 정의 I02에 따르면 "유한함"은 '같은 됨됨이를 갖는 다른 사물로 금그어질 수 있음'을 뜻한다.

> **정의 I02: 한 사물이 같은 됨됨이를 가진 다른 사물로 금그어질 수 있다면 그 사물은 '자기 갈래 안에서 유한'하다.**

속모습 X의 됨됨이로부터 곧바로 뒤따른 첫 모습이 유한하다면 그 첫 모습을 금그을 다른 사물이 있어야 한다. 하지만 다른 속모습 Y의 됨됨이로부터 뒤따른 사물은 속모습 X의 됨됨이로부터 뒤따른 사물을 금그을 수 없다. 따라서 속모습 X의 첫 모습을 금그을 다른 사물이 있다면 그것은 속모습 X의 됨됨이로부터 뒤따른 사물이어야 한다.

우리가 보통 "관념", "마음", "지성"이라 일컫는 사물은 속모습 '생각'으로부터 비롯된 모습이다. 속모습 '생각'의 됨됨이로부터 곧바로 뒤따른 모습은 '하느님의 지성' 또는 '하느님의 관념'이다. 이 관념은 '생각'의 첫 모습인데 나는 이를 "첫 관념"이라 하겠다. 스피노자는 첫 관념을 "생각이 하느님이 관념을 이루는 한에서 그 생각"정리I21증명으로 표현한다. 만일 첫 관념이 유한하다면 첫 관념 바깥에 놓인 관념이 그 첫 관념을 금그어야 한다. '첫 관념 바깥에 놓인 관념' 또는 '첫 관념을 구성하지 않는 관념'을 나는 "바깥 관념"이라 부르겠다. 스피노자는 이 바깥 관념을 "생각이 하느님의 관념을 이루지 않는 한에서 그 생각"같은곳으로 표현한다.

그 바깥 관념이 첫 관념을 금그으려면 그 바깥 관념은 첫 관념과 같은 됨됨이를 가져야 한다. 다시 말해 그 바깥 관념은 생각의 됨됨이로부터 뒤따라야 한다. 스피노자는 다음 논제를 가정한다.

만일 두 관념이 생각의 됨됨이로부터 뒤따른다면 이들 가운데 어느 것도 생각의 됨됨이로부터 곧바로 뒤따를 수 없다. 또는 만일 한 관념이 생각의 됨됨이로부터 뒤따른다면 다른 관념은 생각의 됨됨이로부터 곧바로 뒤따를 수 없다.

따라서 그 바깥 관념이 생각의 됨됨이로부터 뒤따른다면 첫 관념은 생각의 됨됨이로부터 곧바로 뒤따를 수 없다. 하지만 정의상 첫 관념은 생각의 됨됨이로부터 곧바로 뒤따른 관념이다. 이 같은 모순이 빚어진 까닭은 우리가 첫 관념이 유한하다고 가정했기 때문이다. 따라서 첫 관념은 유한할 수 없으며 무한하다. 이는 속모습 '생각'의 됨됨이로부터 곧바로 뒤따른 첫 모습이 무한함을 뜻한다. 속모습 '생각' 말고 다른 속모습의 경우에도 이와 똑같이 말할 수 있다. 무엇이든 그것이 첫 모습이면 그것은 무한하다. 우리는 모든 첫 모습을 "직접 무한 모습"이라 부를 수 있다.

스피노자는 정리 I21을 다소 다르게 증명한다. 그는 아마 다음을 가정한 듯하다.

한 속모습의 됨됨이로부터 곧바로 뒤따른 모습이 유한

하다면 그 속모습이 그 모습을 갖는 한 그 속모습 자체가 유한하다.

보기를 들어 만일 주먹이 손의 됨됨이로부터 곧바로 뒤따르는 모습이고 주먹이 유한하다면 그 손이 그 주먹 모습을 갖는 한 그 손은 유한하다. 만일 하느님의 관념이 속모습 '생각'의 됨됨이로부터 곧바로 뒤따랐지만 그 관념이 유한하다면 그 속모습 '생각'이 그 관념의 모습을 갖는 한 그 생각은 유한해야 한다. 하느님의 관념이 유한하다면 "생각이 하느님의 관념을 갖는 한 그 생각은 유한하다고 가정된다."정리I21증명 여기서 "생각이 하느님의 관념을 갖는 한 그 생각"은 '속모습 생각에서 비롯된 하느님의 모습'을 뜻한다. 만일 생각이 하느님의 관념을 갖는 한 그 생각이 유한하다면 하느님의 관념을 갖지 않는 다른 생각으로 그 생각을 제한해야 한다. 만일 하느님의 관념을 갖지 않는 다른 생각이 현존한다면 하느님의 관념은 오직 생각의 됨됨이로부터만 제 홀로 또는 곧바로 뒤따를 수 없다. 이는 애초의 가정에 어긋난다. 따라서 하느님의 관념은 유한할 수 없다.

정리 I21에 따르면 하느님의 첫 모습 또는 그의 직접 모습은 언제나 현존한다. 세계의 됨됨이로부터 곧바로 뒤따르는 세계의 첫 모습은 왜 언제나 현존하는가? 스피노자는 이 물음에 답하려고 속모습 '생각'으로부터 곧바로 뒤따르는 '첫 관념'이 어느 기간 전후에 현존하지 않는다고 가정한다. 첫 관념이 현존하지 않는 동안에도 속모습 '생각'은 현존한다. 왜냐하면 정리 I19에서 밝혔듯 하느님의 모든 속모습은 영원하며 속모습 '생각'도 영원하기 때문이다. 만일 '생각'이 영원히 현존하지만 첫 관념이 현존하지 않는 기간이 있다면 이는 첫 관념이 그 기간 전후에 속모습 '생각'으로부터 곧바로 뒤따르지 않음을 뜻한다. 하지만 정의상 첫 관념은 '생각'의 됨됨이로부터 곧바로 뒤따르는 사물이다. 이 같은 모순이 빚어진 까닭은 우리가 첫 관념이 어느 기간 전후에 현존하지 않는다고 가정했기 때문이다. 따라서 속모습 '생각'으로부터 곧바로 뒤따르는 '첫 관념'은 언제나 현존한다. 이는 속모습 '생각' 말고 다른 속모습의 경우에도 똑같이 말할 수 있다. 속모습의 됨됨이로부터 곧바로 뒤따르는 모든 첫 모습은 언제나 현존한다.

"언제나 현존한다"는 '영원하다'를 뜻하는가? 정리 I21에 표현 "영원하다"가 나온다. 멜라메드가 지적했듯 모습의 영원함은 실체 및 속모습의 영원함과 구별되어야 한다. 실체 및 속모습의 영원함은 시간과 지속을 떠난 영원함이다. 이 영원함은 실체의 뜻매김으로부터 그 현존이 반드시 따라 나오는 영원함이다. 하지만 모습은 이 같은 영원함을 갖지 않는다. 왜냐하면 모습의 뜻매김으로부터는 그 현존이 반드시 따라 나오지 않기 때문이다.

정리 I24: 하느님한테서 나온 사물의 본모습은 현존을 품지 않는다.

이 정리를 증명하려고 '하느님한테서 나온 사물'이 본디 현존한다고 가정한다. 이 경우 그 사물은 정의 I01에 따라 '자기 원인'이다. 그 사물이 자기 원인이면 그 사물은 하느님이어야 한다. 그 사물은 하느님이 아니다. 이를 보건대 '하느님한테서 나온 사물'이 본디 현존한다고 가정해서는 안 된다. 따라서 하느님한테서 나온 사물의 본모습에는 현존이 담기지 않는다. 모습은 하느님한테서 나온 사물이다. 따라서 모습의 본모습 · 됨됨이 · 뜻매김 안에는 현존이 담기지 않는다.

우리 생각에 정리 I24는 "하느님한테서 나온 사물"의 정의에 가깝다. 스피노자는 이 정리의 따름정리를 설명하며 다음처럼 말한다.

> "사물이 현존하든 현존하지 않든, 그 사물의 본모습을 눈여겨볼 때마다, 우리는 그 본모습이 현존을 품지도 지속을 품지도 않음을 깨닫는다. 따라서 사물의 본모습은 그 현존의 원인일 수 없고 그 지속의 원인일 수 없으며, 다만 현존이 그 됨됨이 안에 있는 유일한 존재인 하느님만이 그 원인일 수 있다."

그는 이를 바탕으로 다음 따름정리를 얻는다.

> **정리 I24의 따름정리: 하느님은 사물의 현존을 일으키는 원인일 뿐만 아니라 그 사물의 현존을 버티는 원인이기도 하다.**

스피노자는 정리 I17의 주석에서 이미 다음처럼 말했다.

> "세모의 됨됨이로부터 세모의 세 모서리가 180도임이 영원부터 영원까지 따라 나오듯, 이와 똑같은 필연성과 똑같은 방식으로, 하느님의 가장 큰 힘 또는 끝없는 됨됨이로부터 끝없이 많은 모습으로 끝없이 많은 것들 곧 모든 사물이 반드시 흘러나왔고 언제나 뒤따른다. 그래서 하느님의 전능은 영원부터 현실화되었고 똑같

은 현실성으로 영원까지 유지될 테다."

따라서 하느님은 모습의 현존을 일으키는 원인일 뿐만 아니라 모습의 현존을 떠받치는 원인이다.

마찬가지로 하느님은 첫 모습의 현존을 영원부터 일으켰으며 영원까지 떠받친다. "영원부터 영원까지 현존"은 '시간과 지속 안에서 영원함'이다. 이는 실체의 영원함과 다르다. 나는 표현 "무궁함"을 '시간과 지속 안에서 영원함', '시작도 없고 끝도 없이 지속함', '늘 현존함', '언제나 현존함'을 뜻하는 낱말로 사용하겠다. 한자 "궁"窮은 본디 집 안에 뼈만 앙상하게 남은 사람이 집 안에 있는 모습을 나타내었다고 한다. 이로부터 '얕음', '바닥', '끝', '마지막', '마침', '끝나다', '마치다', '다하다' 따위 뜻이 비롯되었다. 정리 I21에 따르면 실체 · 세계 · 하느님 · 자연의 첫 모습은 무궁하다. '운동과 멈춤'의 법칙으로서 자연법칙은 무궁하다. '세계의 지성'으로서 논리 법칙은 무궁하다. 세계는 이들 법칙의 현존을 영원부터 일으켰으며 영원까지 떠받친다.

0604. 딸림 모습

손은 오므림으로써 주먹의 모습을 띠고 그 주먹이 일그러짐으로써 또 다른 주먹 모습을 띨 수 있다. 마찬가지로 실체는 한 속모습에 따라 첫 모습을 띠고 그 첫 모습이 바뀌어 다른 모습을 띨 수 있다. 스피노자는 정리 I22에서 하느님의 첫 모습 또는 그의 직접 모습에서 뒤따른 다른 모습을 이야기한다.

> **정리 I22: 하느님의 속모습에 따라 그 자체로 반드시 현존하고 무한한 바뀜변양이 바뀌는 한 그 속모습으로부터 뒤따르는 모든 것도 반드시 현존하고 무한하다.**

여기서 "바뀜"은 "모디피카티오"를 옮긴 낱말인데 "모습을 띰", "모습화", "양태화", "양식화"로도 옮길 수 있다. 스피노자가 자주 쓰는 "뒤따르다"는 "모습을 띠다"로 바꿀 수 있다. '바뀜'은 '모습을 띰'이며 '뒤따름'이며 '일어남'이다.

정리 I22에서 "하느님의 속모습에 따라 그 자체로 반드시 현존하고 무한한 바뀜"은 정리 I21에서 말했던 하느님의 첫 모습이다. 실체의 모든 속모습은 반드시 현존하고 무한하다. 정리 I21에 따르면 그 속모습으로부터 곧바로 뒤따른 첫 모습도 반드시 현존하고 무한하다. 정리 I22의 "그 속모습으로부터 뒤따르는"은 맥락상 '그 첫 모습으로부터 뒤따르는'을 뜻한다. 또한 "바뀜이 바뀌는 한"은 '모습이 다른 모습을 띠는 한'을 뜻한다. 이 경우 정리 I22는 다음처럼 간추릴 수 있다.

> 정리 I22: 하느님의 첫 모습이 다른 모습을 띠는 한 그 첫 모습으로부터 뒤따르는 모든 모습도 반드시 현존하고 무한하다.

따라서 하느님의 첫 모습이 바뀜으로써 생긴 또 다른 모습도 반드시 현존하고 무한하다.

스피노자는 정리 I28 주석에서 표현 "첫 사물의 매개를 거친 사물"을 쓴다. 직접 모습, 첫 모습, 으뜸 모습이 바뀌어 생긴 모습은 말하자면 "간접 모습" 또는 "딸림 모습"이다. 특별히 '버금 모습'은 '첫째 딸림 모습'이며 첫 모습에서 곧바로 뒤따른 딸림 모습이다. 하느님의 버금 모습은 하느님의 속모습으로부터 뒤따른 모습 가운데 그의 첫 모습이 바뀜으로써 곧바로 뒤따른 모습이다. 정리 I21이 하느님의 첫 모습을 다룬다면 정리 I22는 하느님의 딸림 모습을 다룬다. 표현 "첫 모습"과 "딸림 모습"을 써서 정리 I22를 더 쉽게 쓸 수 있다. 표현 "반드시 현존한다"는 정리 I21에 나오는 "언제나 현존한다"와 뜻이 같기에 이를 "무궁하다"로 바꾼다.

> 정리 I22: 첫 모습이 또다시 바뀌는 한 하느님의 속모습으로부터 뒤따르는 모든 딸림 모습도 무궁하고 무한하다.

스피노자는 정리 I22의 증명이 정리 I21의 증명과 똑같다고 말한다. 우리는 이를 더 깊게 따지지 않고 그냥 받아들인다. 다만 그는 다음 논제를 가정한 듯하다.

> 속모습 X의 한 무한 모습으로부터 곧바로 뒤따른 다른 모습은 오직 하나밖에 없다.

이 때문에 모습들의 계열에서 딸림 모습을 금그을 만한 다른 모습이 없다. 첫 모습은 첫째 딸림 모습을 제한하지 않고 둘째 딸림 모습도 첫째 딸림 모습을 제한하지 못한다.

그다음 스피노자는 무궁하고 무한한 모습이 첫 모습이거나 딸림 모습이라 주장한다.

정리 I23: 반드시 현존하고 무한한 모든 모습은, 하느님의 속모습이 가진 절대 됨됨이로부터 또는 그 자체로 반드시 현존하는 무한한 바뀜이 바뀐 속모습으로부터, 반드시 뒤따라 나와야 한다.

이미 말했듯이 "하느님의 속모습이 가진 절대 됨됨이로부터" 반드시 뒤따르는 모습은 하느님의 첫 모습이다. "그 자체로 반드시 현존하는 무한한 바뀜이 바뀐 속모습으로부터" 반드시 뒤따르는 모습은 하느님의 딸림 모습이다. 표현 "첫 모습"과 "딸림 모습"을 써서 정리 I23을 더 쉽게 쓸 수 있다.

정리 I23: 무궁하고 무한한 모든 모습은 하느님의 첫 모습이거나 그의 딸림 모습이다.

정리 I21, 정리 I22, 정리 I23은 이제 다음처럼 짧게 간추릴 수 있다.

- 정리 I21: 하느님의 첫 모습은 무궁하고 무한하다.
- 정리 I22: 하느님의 딸림 모습은 무궁하고 무한하다.
- 정리 I23: 무궁하고 무한한 모습은 하느님의 첫 모습

이거나 그의 딸림 모습이다.

나는 정리 I21에 나오는 "언제나 현존한다"와 정리 I22 및 I23에 나오는 "반드시 현존한다"를 "무궁하다"로 바꾸었다.

스피노자는 정리 I23을 대략 다음처럼 증명한다. 정의상 모습은 다른 사물 안에 있으며 다른 사물을 거쳐 개념화된다. 만일 한 모습이 무한하고 무궁하다면 그것은 무한한 존재며 반드시 현존하는 존재로부터 뒤따라야 한다. 이미 정리 I15에서 밝혔듯 "무엇이 있든 그것은 하느님 안에 있고 하느님 없이는 아무것도 있을 수 없고 개념화될 수 없다." 무슨 모습이든 그것은 하느님 안에 있고 하느님을 거쳐 개념화된다. 따라서 만일 한 모습이 무한하고 무궁하다면 그것은 무한하며 영원한 하느님으로부터 뒤따라야 한다.

한 모습이 무한하며 영원한 하느님으로부터 뒤따르려면 무한함과 필연성을 갖는 존재로서 하느님을 개념화하는 한 그 하느님으로부터 그 모습이 뒤따라야 한다. 무한함과 필연성을 갖는 존재로서 하느님을 개념화하는 한 그 하느님으로부터 그 모습이 뒤따르려면 하느님의 속모습이 가진 됨됨이로부터 그 모습이 뒤따라야 한다. 하느님의 속모습이 가진 됨됨이로부터 그 모습이 뒤따르려면 그 됨됨이로부터 곧바로 뒤따르거나 에둘러 뒤따라야 한다. 따라서 한 모습이 무궁하고 무한하려면 그것은 하느님의 첫 모습이거나 딸림 모습이어야 한다. 곧 모든 무한 모습은 하느님의 첫 모습이거나 딸림 모습이다. 또한 모든 직접 무한 모습은 하느님의 직접 모습이고 모든 간접 무한 모습은 하느님의 간접 모습이다.

하느님은 자신의 본모습, 속모습, 됨됨이에 따라 반드시 현존한다. 반면 첫 모습 및 딸림 모습은 하느님이 반드시 현존한다는 사실 덕분에 반드시 현존한다. 이 점에서 하느님의 현존은 내부 필연성을 갖고 첫 모습 및 딸림 모습은 외부 필연성을 갖는다. 첫 모습 및 딸림 모습이 반드시 현존함을 다른 방식으로 밝히려 한다. 먼저 우리는 다음 논리 규칙을 흔쾌히 받아들인다.

> 만일 명제 X가 필연 진실이고 명제 "X이면 Y"가 필연 진실이면 명제 Y도 필연 진실이다.

보기를 들어 "나는 생각한다"와 "내가 생각하면 나는 있다"가 필연 진실이면 "나는 있다"도 필연 진실이다.

스피노자는 "반드시 현존하는 것으로부터 반드시 뒤따르는 사물은 반드시 현존한다"를 받아들인다. 이는 다음처럼 정식화할 수 있다.

> 규칙 A: 만일 사물 X가 반드시 현존하고 사물 Y가 사물 X로부터 반드시 뒤따른다면 사물 Y는 반드시 현존한다.

한편 스피노자에게 한 사물이 다른 사물로부터 뒤따르는 관계는 인과 관계, 개념 관계, 함축 관계, 논리 관계다. 그에게 그 관계는 반드시 성립하는 관계다. 따라서 다음이 성립한다.

> 규칙 B: 사물 X가 사물 Y로부터 뒤따른다면 사물 X는 사물 Y로부터 반드시 뒤따른다.

세계 · 실체 · 하느님 · 자연의 첫 모습은 정의상 세계 · 실체 · 하느님 · 자연의 됨됨이로부터 곧바로 뒤따르는 사물이다. 규칙 B에 따르면 세계의 첫 모습은 세계의 됨됨이로부터 곧바로 반드시 뒤따르는 사물이다. 정리 I11에서 밝혔듯 세계 · 실체 · 하느님 · 자연은 반드시 현존한다. 따라서 세계의 첫 모습은 '반드시 현존하는 것으로부터 반드시 뒤따르는 사물'인 셈이다. 결국 규칙 A에 따라 세계의 첫 모습은 반드시 현존한다. 현실화되지 않고 가능성만으로 있는 첫 모습은 개념상 불가능하다.

스피노자가 나중에 증명하겠지만 정리 I36에 따르면 결과를 낳지 않는 사물은 현존할 수 없다. 따라서 만일 한 무한 모습이 현존한다면 그 모습은 반드시 다른 모습을 낳아야 한다. 만일 정리 I22가 말하는 바가 "한 무한 모습에서 곧바로 뒤따르는 모습은 무한하다"면 한 무한 모습은 다른 무한 모습을 낳는다. 속모습 X의 첫 모습으로부터 버금 모습이 곧바로 뒤따르고 버금 모습으로부터 버금딸림 모습이 곧바로 뒤따른다. 다음 장에서 자세히 이야기하겠지만 나의 이해에 따르면 실체의 버금 모습은 버금딸림 모습들의 무한 계열이다.

직접이든 간접이든 무한 모습은 하나하나 그 자신의 갈래 안에서 무한할 뿐만 아니라 그 개수에서도 무한하다. 속모습의 개수가 무한하기에 그 모든 무한 모습은 그 개수에서 무한하다. 나아가 한 속모습에 딸린 무한 모습도 그 개수에서 무한하다. 생각의 순서든 시간의 순서든 한 속모습에 딸린 각 간접 무한 모습은 서로 다른 자리를 차지한다. 이 때문에 무한 모습의 무한 계열에서 한 딸림 모습은 다른 딸림 모습을 제한하지 않는다. 다른 두 속모습에 딸린 무한 모습의 다른 두 무한 계열도 서로를 제한하지 않는다. 왜냐하면 한 속모습과 다른 속모습은 서로를 간섭하지 않기 때문이다.

한 딸림 모습이 첫 모습으로부터 뒤따른다면, 규칙 B에 따라, 그 딸림 모습은 첫 모습으로부터 반드시 뒤따른다. 첫 모습은 반드시 현존하기에 규칙 A에 따라 그로부터 반드시 뒤따르는 딸림 모습도 반드시 현존한다. 나아가 딸림 모습 n이 다른 딸림 모습 m으로부터 뒤따른다면, 규칙 B에 따라, 딸림 모습 n은 딸림 모습 m으로부터 반드시 뒤따른다. 딸림 모습 m이 반드시 현존한다면, 규칙 A에 따라, 그로부터 뒤따르는 딸림 모습 n도 반드시 현존한다. 이를 보건대 무엇이든 하느님의 딸림 모습은 반드시 현존한다. 따라서 첫 모습이든 딸림 모습이든 현실화되지 않고 가능성만으로 있는 무한 모습은 애초에 불가능하다. 임의의 무한 모습이 현존하지 않는 일은 일어날 수 없다. 하느님의 한 속모습 X로부터 뒤따르는 무한 모습들의 무한 계열은 모두 필연성을 갖고 생성되고 필연성을 갖고 현존한다.

07.

시간, 지속, 현존

상상은 우리가 자주 또 아주 쉽게 하는데, 만일 우리가 양을 이 상상 안에서 눈여겨본다면, 양이 유한하고 쪼개질 수 있으며 조각들로 이루어짐을 볼 테다. 하기 매우 어렵지만, 만일 우리가 지성 안에서 양을 눈여겨보고 양을 그냥 실체로서 개념화한다면, 우리가 이미 넉넉히 밝혔듯, 양이 무한하고 유일하며 쪼개질 수 없음을 볼 테다.

속모습 '퍼짐'은 세계와 함께 이미 영원히 현존한다. 그것은 영원하고 무한한 뻗음 · 펼침 · 넓힘 · 공간 · 채움이다. 우리가 "물질" 또는 "자연"이라 부르는 실체는 영원하고 무한한 그 퍼짐 · 뻗음 · 펼침 · 넓힘 · 채움이다. 퍼짐의 공간, 물리 공간, 물리 마당은 물질의 퍼짐 · 뻗음 · 펼침 · 넓힘 · 채움이다. 우리가 "생각" 또는 "하느님"이라 부르는 실체는 영원하고 무한한 생각의 펼침과 채움이다. 생각의 공간은 생각의 뻗음 · 펼침 · 넓힘 · 채움이다. 스피노자에게 '가득 찬 생각'으로서 하느님과 '가득 찬 물질'로서 자연은 똑같은 하나의 실체다. 이는 퍼짐의 공간과 생각의 공간이 똑같은 공간임을 뜻한다. 이들 공간에서 시간은 흐르는가?

0701. 시간

실체와 그 속모습은 그 자신의 본모습 · 됨됨이 · 뜻매김 덕분에 현존한다. 이 현존은 영원한 현존이지만 시간 안에서 현존이 아니며 무궁히 지속하는 현존이 아니다. 실체는 시간 안에서 지속하기보다 시간을 떠나 영원하다. 실체로부터 비롯된 사물 또는 실체로부터 나온 사물은 그 실체 덕분에 현존한다. 모습은 정의상 실체로부터 비롯된 사물 또는 실체로부터 나온 사물이다. 모든 모습은 실체한테 기대어 현존한다. 실체는 모습의 현존을 일으키고 또한 그 현존을 버틴다. 현존의 시작, 현존의 유지, 현존의 계속이 바로 지속이다. 결국 지속은 모습의 지속이다. 실체는 본디 시간을 떠나 영원하지만 모습은 본디 시간 안에서 지속한다.

정리 I24의 따름정리에 따르면 "하느님은 사물의 현존을 일으키는 원인일 뿐만 아니라 그 사물의 현존을 버티는 원인이기도 하다." "사물의 현존을 버티는 원인"에서 "버티는"은 "지속하는"으로 바꿀 수 있다. 우리가 보통 "지속"으로 옮기는 라틴말 "두라티오"는 '딱딱한', '어려운', '거친', '모진', '사나운', '거센', '억센' 따위를 뜻하는 "두루스"에서 왔다. '두라티오'는 견디는 일, 참는 일, 버티는 일, 떠받치는 일, 남는 일이다. 중세철학자 프란시스코 수아레스1548-1617에 따르면 지속은 "그 존재가 줄곧 남는 일"이다. 이를 보건대 정리 I24의 따름정리가 말하는 바는 "하느님은 사물을 지속하는 원인이다"다. 사물은 하느님 · 자연 · 실체 · 세계로부터 나온 모습인데 실체는 모습이 시간 안에서 지속하는 원천인 셈이다. 실체가 없다면 아무것도 모습의 현존을 떠받치지 못한다. 실체가 없다면 아무것도 더는 버티지 못하고 견디지 못하여 그 현존을 잃는다. 실체가 없다면 아무것도 지속하지 못하고 지속 자체가 성립하지 않는다. 실체는 모습의 현존을 떠받치고 버팀으로써 지속 자체를 창출한다.

오늘날 "시간"과 "지속"은 '퍼짐'의 어휘 또는 물리 어휘지만 과거 철학자들은 대체로 "시간"과 "지속"을 '생각'의 어휘나 마음 어휘로 여겼다. 나는 "시간"과 "지속"을, 그 속 모습이 무엇이든, 모든 모습의 현존을 특징짓는 공통 어휘로 여긴다. 생각의 무한 모습이든 퍼짐의 무한 모습이든 이들은 시간 안에 놓이며 시작도 끝도 없이 무궁히 지속한다. 다만 생각의 무한 모습은 생각의 시간 안에 놓이고 퍼짐의 무한 모습은 퍼짐의 시간 안에 놓인다. 스피노자 체계에서 두 시간은 아마 서로 동기화되어야 할 테다. 이제 속모습 X와 그로부터 뒤따르는 무한 모습 m_X 사이의 차이가 또렷이 드러난다. 무한 모습은 시간이나 지속의 차원에서 기술할 수 있지만 속모습은 그렇지 않다. 무한 모습은 끝없이 지속하지만 우리는 '토막난 지속'의 관점에서 무한 모습을 생각할 수 있고 나아가 무한 모습을 토막낼 수 있다.

'시간 안에 놓인 모습' 개념은 스피노자의 언어 연구에 바탕을 둔다. 그는 히브리 문법책을 저술했다. 멜라메드의 『스피노자의 형이상학』2013에 따르면 스피노자는 문법 탐구를 거쳐 문장에서 명사, 형용사, 분사의 노릇이 제각기 다름을 눈여겨보았다.[31쪽] 명사[이름씨]는 실체 비슷한 노릇을 하고, 형용사[그림씨]는 속성[속모습] 비슷한 노릇을 하고, 분사는 양태[모습] 비슷한 노릇을 한다. 여기서 말하는 '형용사'는 우리말 문법에서 '관형사'[매김씨]에 해당한다. "착한 그 사람"에서 형용사 "착한"은 그 사람의 '착함'을 표현한다. 그 사람의 '착함'은 시간을 떠나 그 사람이 갖는 무엇이다. 분사도 형용사 노릇을 한다. 과거분사나 수동분사는 보통의 형용사처럼 대체로 주체에게 긴 시간에 걸친 성질을 부여한다. 반면 현재분사나 능동분사는 대체로 현재 시점에 주체가 가진 성질을 부여한다. "걷는 그 사람"에서 현재분사 "걷는"은 그 사람의 '걸음'을 표현한다. 그 사람의 '걸음'은 지금 시점에서 그 사람이 갖는 무엇이다.

"주체"는 '속모습, 모습, 겉모습, 속성, 성질 따위를 가지는 사물'을 뜻한다. 표현 "주체" 대신에 그냥 표현 "사물"을 쓰겠다. "노래하는 사람"이 '노래 부르는 일을 자기 일로 삼는 가수'를 뜻한다면 "노래하는"은 긴 시간에 걸친 그 사물이 갖는 무엇을 표현한다. "노래하는 사람"이 '지금 노래 부르는 사람'을 뜻한다면 "노래하는"은 이 시점에 그 사물이 갖는 무엇을 표현한다. 스피노자는 '긴 시간에 걸쳐 사물이 가진 무엇'뿐만 아니라 '시간을 떠나 그 사물이 가진 무엇'을 상정한다. 그에게 '속모습'은 시간을 떠나 사물이 갖는 무엇이다. 무한 모습은 '무궁한 시간에 걸쳐 사물이 갖는 무엇' 이고 유한 모습은 '특정 기간에 걸쳐 사물이 갖는 무엇'이다. 사물을 시간 안에서 기술하거나 그것의 국소 상태나 부분 상태를 기술하고 싶다면 우리는 속모습이 아니라 모습을 이야기해야 한다.

0702. 코스모스와 코뮌

스피노자는 「형이상학 생각」1663에서 '지속'을 '부분으로 이루어진 양'으로 여긴다. 그에게 지속은 토막날 수 있는 양이다. 무한 모습은 시간 구간을 따라 토막날 수 있고 공간 구역을 따라 토막날 수 있다. 시간 구간과 공간 구역은 모습의 크기를 정한다. 무한 모습이 특정 시간 구간과 특정 공간 구역만큼 토막날 때 그 토막 모습은 유한성을 갖는다. 무한 모습이 토막나는 규칙이나 원리가 있는가? 스피노자가 이를 또렷이 말하지 않았지만 나는 첫 모습 안에 무한 모습을 토막내는 법칙이 담겼다고 가정한다.

스피노자에 따르면 퍼짐의 첫 모습은 '움직임과 멈춤' 이다. 우리는 이를 운동 법칙, 보존 법칙, 자연 법칙, 물리 법칙으로 이해할 수 있고 여러 물체를 차별화 · 분화 · 개별화하는 무엇으로 이해할 수 있다. 오늘날 물리학에 따르면 모든 지점이 똑같은 동질 공간 안에서 운동량보존법칙이 성립하고 모든 방향이 똑같은 등방 공간 안에서 각운동량보존법칙이 성립한다. 운동량이 다른 사물은 시간에 따라 다르게 공간을 움직인다. 스피노자의 「형이상학 생각」1663에 따르면 '시간'은 '움직이는 사물들의 지속을 견주는 일'이다. 그를 따라 우리는 '시간'을 '운동의 차이' 또는 '빠르기의 다름'으로 이해할 수 있다. 이 점에서 퍼짐의 첫 모습으로서 '움직임과 멈춤'은 물리 시간을 창출한다고 볼 수 있다.

퍼짐의 됨됨이로부터 곧바로 나온 첫 모습이 물리 시간을 창출한다면 시간은 시작을 지녀야 하지 않는가? 오늘날 빅뱅 이론에 따르면 시간은 시작을 지닌다. 하지만 스피노자에게 시간은 "영원부터 영원까지" 흐르며 시간은 시작을 갖지 않는다. 그에게 물리 세계의 모습은 이미 '영원부터' 곧 '무한히 먼 과거부터' 현존한다. 나는 퍼짐의 첫 모습 '움직임과 멈춤'에서 물리 시간이 창출된다고 가정한다. 이 가정을 받아들인다면 '움직임과 멈춤'으로부터 곧바로 뒤따른 퍼짐의 버금 모습은 오늘날 빅뱅 이론으로 기술되는 우주의 모습과 달라야 한다.

퍼짐의 버금 모습은 오히려 영원부터 영원까지 현존하는 물리 세계의 모습이다. 내 생각에 아마 그것은 영원부터 영원까지 간접 무한 모습들의 무한 계열 $m_{E(t)}$다. 곧 $m_{E(t)}$ = $\{\cdots, m_{E\text{-}2}, m_{E\text{-}1}, m_{Ep}, m_{E1}, m_{E2}, \cdots\}$이다. 여기서 E는 속모습 '퍼짐'을 나타내고 m_{Ep}는 현재 시점에서 물리 세계의 모습이다. 또는 '현재 시점에서 세계의 물질 구성'이다. 내가 말한 퍼짐의 버금 모습 $m_{E(t)}$는 스피노자가 표현한 "전체 우주의 얼굴"에 가깝다. 여기서 "얼굴"은 라틴말 "파키에스"를 옮겼는데 '꼴', '모습', '겉모습' 따위를 뜻한다. 내 생각에 "전체 우주의 얼굴"보다 더 나은 표현은 "세계의 몸" 또는 그냥 "코스모스"다.

짧게 수학 및 물리학 용어를 써서 물리 세계의 모습을 이야기하겠다. 무한 계열 $m_{E(t)}$는 연속 계열이기에 수열로 나타내기보다 연속함수로 나타내야 한다. 퍼짐의 첫 모습 m_{E0}은 오늘날 용어로 바꾸면 뉴턴 방정식, 아인슈타인 방정식, 슈뢰딩거 방정식 따위의 운동 방정식이다. 또는 '운동하는 무한 물질 마당'이거나 '마당 방정식'이다. 방정식 "$x^2 = 4$"를 만족하는 x의 값은 2거나 −2인데 방정식 "$x^2 = 4$"의 해[풀이]는 "$x = 2$" 및 "$x = -2$"다. 물리학에서 운동 방정식은 대체로 시간 미분을 포함하는데 이 방정식은 이른바 "미분 방정식"

이다. 미분 방정식을 풀어 구한 그 방정식의 해는 시간에 따른 함수다. 퍼짐의 첫 모습 m_{E0}이 운동 방정식이면 이로부터 비롯된 퍼짐의 버금 모습 $m_{E(t)}$는 이 운동 방정식의 해다.

퍼짐의 버금 모습은 운동의 시간 순서에 따라 m_{E-2}, m_{E-1}, m_{Ep}, m_{E1}, m_{E2} 따위로 분할된다. 이들 각 모습은 그 자체로 퍼짐의 무한 모습이다. 이들은 시간 순서에 따라 토막난 무한 모습이다. 생각의 무한 모습도 이와 비슷하게 말할 수 있다. 스피노자에 따르면 생각의 첫 모습은 '무한 지성' 이다. 무한 지성은 하느님의 지성이다. 우리는 이를 논리 법칙, 추론 법칙, 이성의 법칙으로 이해할 수 있고 여러 관념 · 개념 · 마음을 차별화 · 분화 · 개별화하는 무엇으로 이해할 수 있다. 오늘날 논리학에 따르면 추론의 단위는 명제인데 무한 지성은 명제들을 개별화하는 원리다. 생각의 공간 안에서 무한 지성이 개념화하고 추론하면 생각의 순서가 생긴다. 바로 이 생각의 순서가 생각의 시간 흐름이다. 생각의 공간에서 시간은 추론의 순서인 셈이다. 이 점에서 생각의 첫 모습으로서 무한 지성은 마음 시간을 창출한다고 볼 수 있다. 나중에 스피노자는 한 생각 모습에서 다른 생각 모습으로 나아가는 일을 "의지"로 이해한다. 물론 그에게 지성과 의지는 똑같은 하나다.

무한 지성은 "영원부터 영원까지" 생각하고 개념화하고 추론할 테다. 이는 마음 시간이 시작점을 갖지 않음을 뜻한다. 무한 지성은 추론의 순서에 따라 영원부터 영원까지 간접 무한 모습들의 무한 계열 $m_{\mathrm{T}(t)}$를 생각한다. 이는 말하자면 무한 명제 또는 무한 정보의 무한 계열 {…, $m_{\mathrm{T}\text{-}2}$, $m_{\mathrm{T}\text{-}1}$, $m_{\mathrm{T}p}$, $m_{\mathrm{T}1}$, $m_{\mathrm{T}2}$, …}이다. 여기서 T는 속모습 '생각'을 나타내고 $m_{\mathrm{T}p}$는 현재 시점에서 마음 세계의 모습이다. 또는 '현재 시점에서 세계의 정보'다. 생각의 버금 모습은 추론 및 생각의 시간 순서에 따라 $m_{\mathrm{T}\text{-}2}$, $m_{\mathrm{T}\text{-}1}$, $m_{\mathrm{T}p}$, $m_{\mathrm{T}1}$, $m_{\mathrm{T}2}$ 따위로 분할된다. 이들 각 모습은 그 자체로 생각의 무한 모습이다. 이들은 생각의 시간 순서에 따라 토막난 무한 모습이다.

무한 모습 $m_{\mathrm{E}n}$은 운동의 시간 단면을 따라 토막난 무한 모습이다. 무한 모습 $m_{\mathrm{E}n}$은 다시 끝없이 많은 자잘한 유한 모습들로 토막날 수 있다. 퍼짐의 이 유한 모습이 바로 개별 유한 물체 · 몸 · 알갱이다. 추론의 시간 단면을 따라 토막난 무한 모습 $m_{\mathrm{T}n}$은 다시 끝없이 많은 자잘한 유한 모습들로 토막날 수 있다. 이렇게 토막난 생각의 유한 모습이 바로 개별 유한 관념 · 마음이다. 스피노자의 체계에서 속모습은 아예 토막나지 않고 부분을 갖지 않는다. 이 때문에 속모습은 토막 · 조각 · 부분의 전체 꾸러미일 수 없고 이들을 묶

어주는 통일체일 수도 없다. 반면 무한 모습은 토막날 수 있고 부분을 갖는다. 따라서 스피노자의 체계에서 무한 모습은 토막 · 조각 · 부분의 전체 꾸러미 · 통합체 · 통일체 · 전일체 · 단일체인 셈이다.

이를 두고 멜라메드는 『스피노자의 형이상학』[2013]에서 "오직 무한 모습들만이 서로 관련된 모습들의 무한 체계로서 기능할 수 있다"[131쪽]고 표현한다. 퍼짐의 첫 모습으로서 '움직임과 멈춤' 또는 '음양으로 요동하는 무한 물질 마당'은 모든 개별 조각 물체들 또는 알갱이들을 묶는 통일체다. 이 통일체 안에서 모든 물체와 모든 알갱이는 서로 결을 맞추어 한결을 이루고 코스모스를 꾸민다. 생각의 첫 모습으로서 '진선미를 헤아리는 하느님의 지성'은 모든 개별 조각 마음들 또는 관념들의 통일체다. 하느님의 지성 안에서 모든 마음과 모든 관념은 서로 사랑하며 사귀어 코뮌을 가꾼다. '코뮌'은 생각의 버금 모습이며 모든 개별 조각 마음들 또는 관념들의 전체 꾸러미다.

0703. 추상과 상상

내 생각에 스피노자의 체계 안에서 분화 · 차별화 · 개별화의 과정은 다음처럼 진행된다. (i) 제1단계: 속모습에서 그 첫 모습 곧 직접 무한 모습이 비롯된다. 이 첫 모습에 분화 · 차별화 · 개별화의 원리가 담긴다. 그것은 시간 순서, 뒤따름 순서, 추론 순서를 창출한다. (ii) 제2단계: 첫 모습에서 버금 모습 곧 제1차 간접 무한 모습이 비롯된다. 그것은 영원부터 영원까지 무한 모습의 무한 계열이다. 속모습 X의 버금 모습 $m_{X(t)}$는 {…, m_{X-2}, m_{X-1}, m_{Xp}, m_{X1}, m_{X2}, …}이며 이것은 '속모습 X 측면에서 본 세계의 전체 모습'이다. 나에게 코스모스 · 측정계는 '속모습 퍼짐 측면에서 본 세계의 전체 모습'이다. 나에게 코뮌 · 해석계는 '속모습 생각 측면에서 본 세계의 전체 모습'이다.

(iii) 제3단계: 버금 모습에서 시간 단면에 따라 버금딸림 모습 곧 제2차 간접 무한 모습이 개념화된다. 속모습 X의 버금딸림 모습 m_{Xp}는 {…, m_{X-2}, m_{X-1}, m_{Xp}, m_{X1}, m_{X2}, …} 가운데 한 토막 · 조각 · 단면 · 부분이다. 전체 계열에서 한 단면과 나머지를 '떼어냄으로써' 곧 '추상함으로써' 토막 · 조각 · 단면 · 부분 모습이 나타난다. 전체에서 부분이 개념화되는 과정은 '추상' 과정이다. (iv) 제4단계: 버금딸림 모습에서 끝없이 많은 유한 모습이 분화 및 개별화된다. 속모습 X의 버금딸림 모습 m_{Xn}은 이제 유한 모습의 무한 꾸러미

$\{m_{Xn1}, m_{Xn2}, m_{Xn3}, \cdots\}$으로 나타난다. 이 무한 꾸러미는 속모습 X의 셋째 딸림 모습 곧 제3차 간접 무한 모습이다. 코스모스 · 측정계는 퍼짐의 됨됨이에 따라 토막난다. '특정 시점에 코스모스'는 퍼짐의 버금딸림 모습이고 '특정 시점에 유한 물체들의 전체 꾸러미로서 코스모스'는 퍼짐의 셋째 딸림 모습이다. 코뮌 · 해석계는 생각의 됨됨이에 따라 토막난다. '특정 시점에 코뮌'은 생각의 버금딸림 모습이고 '특정 시점에 유한 마음들의 전체 꾸러미로서 코뮌'은 생각의 셋째 딸림 모습이다.

(v) 제5단계: 셋째 딸림 모습 곧 제3차 간접 무한 모습에서 개별 유한 모습이 추상 또는 상상된다. 속모습 X의 개별 유한 모습 m_{Xn1}은 $\{m_{Xn1}, m_{Xn2}, m_{Xn3}, \cdots\}$ 가운데 한 토막 · 조각 · 단면 · 부분이다. 개별 유한 모습이 셋째 딸림 모습 모습에서 비롯되는 과정도 추상 과정이다. 개별 유한 모습의 전체 무한 꾸러미에서 한 개별 유한 모습과 나머지를 떼어냄으로써 개별 유한 모습이 추상된다. 스피노자는 이 단계를 특별히 "상상"이라 한다. 이 추상 과정이 상상인 까닭은 개별 유한 모습은 실체의 무한 모습에서 뒤따라 나올 수 없기 때문이다. 상상은 실체로부터 모습을 떼어내거나 모습으로부터 실체를 떼어내는 일이다.

추상 과정이나 상상 과정에서 오류가 빚어진다. 버금딸림 모습 m_{X_p}는 버금 모습 $\{\cdots, m_{X\text{-}2}, m_{X\text{-}1}, m_{X_p}, m_{X1}, m_{X2}, \cdots\}$의 한 시간 단면이다. 버금 모습은 하느님의 됨됨이로부터 뒤따르는 하느님의 모습이다. 만일 우리가 버금 모습이 하느님의 모습이고 버금딸림 모습이 버금 모습의 토막 · 조각 · 단면 · 부분임을 안다면 우리에게 버금 모습은 하느님의 모습이다. 하지만 만일 우리가 모습 m_{X_p}가 버금 모습의 한 시간 단면임을 도외시한 채 모습 m_{X_p}를 개념화한다면 모습 m_{X_p}는 하느님의 됨됨이로부터 뒤따를 수 없고 이는 하느님의 모습이 아니다.

마찬가지로 개별 유한 모습 $m_{X_{nj}}$는 셋째 딸림 모습 $\{m_{X_{n1}}, m_{X_{n2}}, m_{X_{n3}}, \cdots\}$의 한 토막 · 조각 · 단면 · 부분이다. 전체로서 셋째 딸림 모습은 버금딸림 모습과 같다. 우리는 버금딸림 모습이 버금 모습의 매개로 하느님의 모습임을 알 수 있다. 이 점에서 전체로서 셋째 딸림 모습은 하느님의 모습이다. 만일 우리가 개별 유한 모습 $m_{X_{nj}}$가 셋째 딸림 모습의 한 공간 조각임을 도외시한 채 모습 $m_{X_{nj}}$를 개념화한다면 모습 $m_{X_{nj}}$는 하느님의 됨됨이로부터 뒤따를 수 없고 이는 하느님의 모습이 아예 아니다. 만일 유한 지성이 개별 유한 토막 모습을 이같이 파악한다면 그 모습은 상상으로 그린 모습이며 실제 모습이 아니다. 하느님의 개별 유한 모습으로서 사람은 하느님의 됨됨이로부터 뒤따르지 않는 방식으로 자신을 또는 다른 사물을 흔히 상상한다. 이 같은 상상은 모든 오류 · 잘못 · 못됨 · 불행의 출발점이다.

모든 분화 · 차별화 · 개별화 · 토막내기 · 조각내기는 상상 과정인가? 기간과 구역에 따라 유한 모습을 토막내는 과정은 모두 상상인가? 이 상상의 산물로서 유한 모습은 모두 허구인가? 『에티카』 제1부의 정리 15 주석에서 스피노자는 모든 분할 과정이 상상이라 말하는 듯하다. 아래에서 "양" 또는 "크기"는 '물질'이나 '사물'로 이해할 수 있다.

> "우리는 양을 두 방식으로, 곧 상상 안에서 하듯 양을 추상으로 또는 피상으로 개념화하거나, 〔상상의 도움 없이〕 지성이 제 홀로 하듯 양을 실체로서 개념화할 수 있다. 상상은 우리가 자주 또 아주 쉽게 하는데, 만일 우리가 양을 이 상상 안에서 눈여겨본다면, 양이 유한하고 쪼개질 수 있으며 조각들로 이루어짐을 볼 테다. 하기 매우 어렵지만, 만일 우리가 지성 안에서 양을 눈여겨보고 양을 그냥 실체로서 개념화한다면, 우리가 이미 넉넉히 밝혔듯, 양이 무한하고 유일하며 쪼개질 수 없음을 볼 테다."

이 문장들을 보건대 무한 모습을 유한 모습으로 토막낼 때 상상이 개입된다고 말할 수 있다.

첫 모습은 부분들로 분화되기 전의 모습이지만 버금 모습은 부분들로 분화된 뒤의 모습이다. 첫 모습이 시간 조각들로 분화되는 과정 또는 그 조각들의 전체 꾸러미로서 버금 모습이 형성되는 과정에 상상이 개입되는가? 나는 이 과정에서는 상상이 개입되지 않는다고 가정한다. 생각의 첫 모습에서 생각의 버금 모습이 비롯되는 과정은 생각 과정, 이성 과정, 추론 과정이다. 퍼짐의 첫 모습에서 퍼짐의 버금 모습이 비롯되는 과정은 퍼짐 과정, 물질 과정, 인과 과정이다. 버금 모습에서 버금딸림 모습을 개념화할 때 추상이 개입된다. 전체에서 부분을 추상하면서 전체를 도외시한 채 부분을 개념화할 때 상상이 개입된다. 또한 버금딸림 모습에서 끝없이 많은 유한 모습이 분화될 때 추상과 상상이 개입된다.

남겨진 물음은 그 추상과 상상이 누구의 추상이며 누구의 상상인가다. 하느님도 추상하거나 상상하는가? 사물에게 한계, 경계, 제한, 끝, 금, 테두리, 유한성, 부족, 결여, 부정성을 주는 이는 유한한 몸과 유한한 마음을 가진 우리 자신이다. 하지만 우리는 스스로 상상함으로써 우리의 유한한 마음과 유한한 몸을 스스로 창출하는가? 우리는 우리 자신을 만들 수 없다. 만일 유한한 몸과 유한한 마음을 가진 우리가 무한 모습에서 유한 모습을 추상 및 상상할 수밖에 없다면 그렇게 추상 및 상상할 수밖에 없는 우리의 운명은 우리 자신의 탓이 아니다. 모든 유한한 사물의 실재성을 아예 부정한다면 우리 마음도 우리 몸도 실재하지 않는다. 세계 · 실체 · 하느님 · 자연 안에 유한한 사물이 실재한다면 세계 · 실체 · 하느님 · 자연은 유한성을 창출하는 실제 내부 과정을 지녀야 한다.

0704. 유한 모습의 창출

시간을 떠나 현존하는 실체로부터 어떻게 시간 안에서 현존하는 모습이 비롯될 수 있는가? 인과 관계 자체가 운동의 시간 안에서 또는 물리 시간 안에서 벌어진다면 실체와 모습이 인과 관계를 맺을 수 있는가? 이를 잘 헤아리려면 먼저 '안에 있음'[내속] 관계를 또렷이 이해해야 하고 그다음 사물의 본질[본모습]과 사물의 현존을 구별해야 한다. 스피노자에 따르면 모습은 정의상 실체 안에 있다. 모습의 '안에 있음'[내속]은 여러 가지로 해석된다. "안에 있음"은 때때로 실체가 모습을 생성함을 뜻하며 이 경우 내속 관계는 인과 관계다. "안에 있음"

은 때때로 실체의 개념 안에 모습의 개념이 함축되었음을 뜻하는데 이 경우 내속 관계는 개념 관계 또는 함축 관계다. 이들 인과 관계나 개념 관계는 동시 관계인가?

전체와 부분의 관계는 동시 관계일 수 있다. 만일 무한 모습이 실체의 부분이면 끝없이 많은 무한 모습은 실체 안에 모두 동시에 현존할 수 있다. 하지만 실체는 토막날 수 없기에 무한 모습은 실체의 조각 · 토막 · 부분이 아니다. 만일 인과 관계가 시간 관계면 원인은 시간상 결과에 앞서고 결과는 시간상 원인에 뒤선다. 만일 인과 관계가 시간 관계고 실체가 모습의 원인이면 실체는 시간상 모습에 앞서고 모습은 시간상 실체에 뒤선다. 만일 무한 모습이 시간상 실체에 뒤선다면 실체와 모습은 동시에 현존하지 못한다. 이 때문에 실체와 모습의 관계는 시간을 떠난 관계로 보아야 한다. 나아가 한 속모습과 그 첫 모습은 시간 관계를 지니지 않는다.

한 무한 모습과 다른 무한 모습의 관계는 어떠한가? 먼저 속모습 X의 첫 모습과 속모습 Y의 첫 모습은 똑같은 사물이다.

> "세계에 현존하는 동그라미와 현존하는 동그라미 관념도 하느님 안에 있는데 이들은 똑같은 한 사물이며 서

로 다른 속모습들을 거쳐 펼쳐진다. 따라서 세계를 속모습 퍼짐 아래서 개념화하든 또는 세계를 속모습 생각 아래서나 다른 속모습 아래서 개념화하든 우리는 똑같은 하나의 질서, 똑같은 하나의 인과 연결, 곧 똑같은 한 사물로부터 다른 똑같은 한 사물이 뒤따른다는 점을 볼 테다."[정리II7주석]

스피노자가 "자연"이라 쓴 낱말을 나는 "세계"로 바꾸었다. 내가 "펼쳐진다"로 옮긴 라틴 낱말은 "엑스플리코"다. 이는 말샘에서 살피면 '접히거나 얽힌 것이 풀리다'를 뜻한다. 보통 이를 "설명하다"나 "해명하다"로 옮긴다. 하느님의 한 속모습 개념 안에 접히거나 담긴 것이 풀리고 펼쳐지면서 하느님의 한 모습이 드러난다.

똑같은 무한 모습 m이 속모습 X의 어휘로 표현되면 이 사물은 지성에게 m_X로 나타나고, 속모습 Y의 어휘로 표현되면 지성에게 m_Y로 나타난다. 무한 모습 m_X와 m_Y를 한 무한 모습 m의 다른 '측면'으로 여길 수 있다. 측면들 사이에는 동일성 관계가 성립한다. 첫 모습에서 비롯된 버금 모습 곧 제1차 간접 무한 모습도 마찬가지다. 똑같은 버금 모습이 속모습 X의 어휘로 표현되면 이 사물은 지성에게 $m_{X(t)}$ 곧 {⋯,

m_{X-2}, m_{X-1}, m_{Xp}, m_{X1}, m_{X2}, …}로 나타나고, 속모습 Y의 어휘로 표현되면 지성에게 $m_{Y(t)}$ 곧 {…, m_{Y-2}, m_{Y-1}, m_{Yp}, m_{Y1}, m_{Y2}, …}로 나타난다. 첫 모습의 끝없이 많은 다른 측면들은 동시에 현존하고 버금 모습의 끝없이 많은 다른 측면들은 동시에 현존한다. 나아가 첫 모습과 버금 모습은 둘 다 무궁히 현존하기에 둘 사이에 시간 안에서 인과 관계가 성립하지 않는다.

속모습에서 첫 모습이 곧바로 뒤따르면 첫 모습 안에서 비로소 시간이 창출된다. 시간이 창출되는 일은 첫 모습이 버금 모습으로 바뀌는 일이다. 버금딸림 모습 곧 제2차 간접 무한 모습은 버금 모습의 시간 단면이다. 시간 단면으로서 버금딸림 모습은 특정 시점에 생기고 일정 기간에 현존하다가 그 기간이 끝나면 사라진다. 보기를 들어 빅뱅 이후 300만 년부터 2억 년 사이를 "우주 암흑시대"라 한다. 이 시대의 우주는 일정 기간에 지속된 자연의 한 모습이다. 하느님의 버금딸림 모습들은 일정 기간 지속하며 이들은 시간 순서를 갖는다. 시점 n에 현존하는 버금딸림 모습 m_{Xn}은 시점 $n+1$에 현존하는 버금딸림 모습 m_{Xn+1}보다 앞서 현존하고 그것을 낳는 원인이다.

한 시점에 현존하는 버금딸림 모습을 지점, 자리, 구역에 따라 쪼갬으로써 우리는 유한 모습의 무한 꾸러미로서 그 시점에 현존하는 셋째 딸림 모습 곧 제3차 간접 무한 모습을 얻는다. 한 시점에 현존하는 버금딸림 모습과 그 시점에 현존하는 셋째 딸림 모습은 동시에 현존한다. 나아가 개별 유한 모습은 셋째 딸림 모습의 토막 · 조각 · 부분일 뿐이다. 이 때문에 셋째 딸림 모습과 개별 유한 모습 사이에 시간 안에서 인과 관계가 성립하지 않는다. 몸을 가진 사람의 유한 지성은 셋째 딸림 모습의 토막 · 조각 · 부분이다. 유한 지성은 퍼짐의 측면 아래서 일정 시간 및 일정 자리를 차지하는 토막 유한 모습을 지각 · 개념화 · 파악 · 이해한다.

유한 토막 모습이 현존한다면 그것은 셋째 딸림 모습의 부분으로서 현존한다. 유한 토막 모습이 현존한다면 그것은 나머지 토막 모습과 연관을 잃지 않은 채 현존해야 한다. 하지만 우리 몸은 때때로 한 특정 토막 유한 모습을 다른 모든 토막 모습과 분리된 채 어렴풋하게 파악한다. 우리 상상이나 일상 언어 상징 때문에 우리는 이렇게 어렴풋하게 파악된 토막 유한 모습이 있는 그대로의 실재 사물이라 착각한다. 그렇게 파악된 토막 모습은 하느님의 속모습으로부터 또는 그의 무한 모습으로부터 뒤따를 수 없다. 유한 토막 모습을 그렇게 파악하는 일은 실재 사물을 잘못 추론 · 파악 · 이해 · 인식하는 일이다.

무엇이든 그것이 하느님의 모습이면 그것은 무한하고 무궁해야 한다. 하지만 유한 모습으로서 스피노자는 1632년 11월 24일에 나타나 1675년 2월 21일에 죽었다. 무궁하지도 무한하지도 않은 사람 스피노자는 하느님의 모습이 아예 아닌가? 우리는 한 사물과 그 사물의 본모습 · 됨됨이 · 뜻매김을 분간해야 한다. 한 사물과 다른 사물은 시간 관계를 갖는다. 하지만 한 사물의 뜻매김과 다른 사물의 뜻매김은 시간 관계를 갖지 않는다. 하느님의 지성 안에는 끝없이 많은 자신의 속모습에서 비롯된 첫 모습의 개념 및 딸림 모습들의 개념이 시간을 떠나 담긴다.

정리 I16의 따름정리는 세계 · 실체 · 하느님 · 자연은 모든 사물의 작용 원인이라 말한다. 정리 I24의 따름정리에 따르면 "하느님은 사물의 현존을 일으키는 원인일 뿐만 아니라 그 사물의 현존을 버티는 원인이기도 하다." 하느님은 사물의 현존을 일으키는 작용 원인이다. 나아가 하느님은 사물의 본모습을 일으키는 작용 원인이다.

정리 I25: 하느님은 사물의 현존을 [일으키는] 작용 원인일 뿐만 아니라 그 사물의 본모습을 [일으키는] 작용 원인이기도 하다.

하느님의 본모습 안에는 그 현존이 담겼다. 현존하는 하느님과 하느님의 본모습은 똑같다. 하지만 하느님한테서 비롯된 사물은 그렇지 않다. 그 사물의 본모습 안에는 그 현존이 담기지 않는다. 사물의 현존을 일으키는 원인은 오직 하느님한테만 있다. 그 사물의 본모습은 본디 있는가? 아니다. 사물의 본모습도 하느님이 일으켜야 하고 하느님에게서 나와야 한다.

한 사물의 본모습을 낳는 원인이 하느님이 아니라 가정하면 그 본모습은 하느님 없이 개념화될 수 있다. 왜냐하면 공리 I04에 따르면 한 사물의 개념은 그 원인의 개념을 품어야 하기 때문이다. 하지만 정리 I15에 따르면 "무엇이 있든 그것은 하느님 안에 있고 하느님 없이는 아무것도 있을 수 없고 개념화될 수 없다." 이처럼 한 사물의 본모습을 낳는 원인이 하느님이 아니라 가정하면 정리 I15에 어긋나는 결론을 얻는다. 따라서 한 사물의 본모습을 낳는 원인은 하느님이다. 이미 스피노자는 정리 I16에서 무한 지성이 헤아릴 수 있는 모든 사물이 하느님으로부터 뒤따라야 함을 밝혔다. 그는 정리 I16을 바탕으로 "주어진 하느님의 됨됨이로부터 사물의 본모습과 그 사물의 현존 둘 다가 반드시 추론되어야 한다"[정리I25주석]고 말한다.

버금딸림 모습은 제한된 시간 동안만 현존한다. 하지

만 버금딸림 모습의 본모습이 하느님의 됨됨이로부터 추론되었다면 하느님은 버금딸림 모습의 본모습을 일으키는 작용 원인이다. 이 경우 버금딸림 모습의 본모습은 하느님의 지성과 함께 늘 있다. 나아가 셋째 딸림 모습의 본모습이 하느님의 됨됨이로부터 추론되었다면 하느님은 셋째 딸림 모습의 본모습을 일으키는 작용 원인이고 그 본모습은 하느님의 지성과 늘 함께 있다. 셋째 딸림 모습의 부분으로서 유한 토막 모습은 어떠한가? 유한 토막 모습의 본모습이 하느님의 됨됨이로부터 추론되었다면 하느님은 그 토막 모습의 본모습을 일으키는 작용 원인이고 그 본모습은 하느님의 지성과 늘 함께 있다. 스피노자가 이미 말했듯 "사물의 본모습은 영원한 진실이다."정리I17주석2

유한 토막 모습으로서 사람 스피노자는 제한된 시간 및 제한된 자리에 현존한다. 유한한 사물로서 스피노자의 본모습 안에는 당연히 그가 무한 모습의 시간 조각 및 공간 조각임이 담긴다. 따라서 하느님이 가진 스피노자의 완전한 개념 안에는 아마 "스피노자는 1632년 11월 24일에 태양계 지구 네덜란드 암스테르담에서 태어나 1675년 2월 21일에 헤이그에서 죽는다"가 담겼을 테다. 이 진실에 따르면 1632년 11월 24일 이전에 스피노자는 현존하지 않았고 1675년 2월

21일 이후에 현존하지 않는다. 하지만 이 진실은 세계의 본모습과 됨됨이로부터 반드시 따라 나오는 필연 진실이며 영원한 진실이다.

하느님의 지성에 담긴 스피노자의 됨됨이 · 본모습 · 뜻매김 · 개념 · 관념은 무궁히 현존한다. 이는 스피노자가 무궁히 현존한다는 말은 아니다. 유한한 사물의 현존은 제한된 시간 동안 지속한다. 하지만 그 사물의 본모습은 하느님의 지성과 함께 영원부터 영원까지 지속한다. 하느님은 사물의 본모습을 낳는 원인이다. 하지만 원인으로서 하느님과 결과로서 사물의 본모습은 시간 관계를 맺지 않는다. 이미 데카르트는 영원한 진실들의 작용 원인이 하느님의 의지라 말하면서도 이 작용이 시간을 벗어난 인과 작용이라 주장했다. 스피노자에게도 작용 원인으로서 하느님과 그 결과로서 사물의 본모습은 시간 관계를 맺지 않는다. 인과 관계에는 시간 관계를 맺는 인과 관계가 있고 시간 관계를 맺지 않은 인과 관계가 있는 셈이다.

작용인으로서 세계 · 실체 · 하느님 · 자연은 모든 사물의 본모습을 낳을 뿐만 아니라 그 현존도 낳는다. 세계가 유한 사물의 현존을 낳는 과정은 다음과 같다. 먼저 세계는 그 됨됨이로부터 곧바로 첫 모습을 띤다. 세계의 첫 모습에는 아직 시간 분할이 없다. 첫 모습이 버금 모습으로 바뀌면서 영원부터 영원까지 무한 모습들의 전체 시간 계열이 생긴다. 버금 모습은 버금딸림 모습의 무한 계열로 이루어졌다. 버금딸림 모습은 버금 모습의 시간 단면인데 이런 식으로 세계는 버금딸림 모습의 현존을 시간 안에 창출하며 이 버금딸림 모습은 다만 일정 기간 지속한다.

앞서 현존하는 버금딸림 모습은 뒤이어 현존하는 버금딸림 모습을 낳는데 이들 사이의 인과 관계는 시간 계열 안에서 인과 관계다. 버금딸림 모습에는 아직 공간 분할이 없다. 버금딸림 모습이 셋째 딸림 모습으로 바뀌면서 무한히 넓은 공간 구역에 유한 모습들의 전체 배치가 생긴다. 셋째 딸림 모습 안에 유한 모습들은 공간상에서 유한할 뿐만 아니라 이미 시간상에서도 유한하다. 작용인으로서 세계는 이런 식으로 셋째 딸림 모습을 창출함으로써 유한 모습의 현존을 유한한 시간 및 공간 안에 창출하며 이 유한 모습은 일정 기간에 지속하고 일정 구역을 점유한다. 작용인으로서 세계는 코스모스의 한 시공간 단면에 한 사물 스피노자를 그때 그 자리에 창출하며 그 스피노자는 그때 그 자리에 유한하게 지속한다.

08.

자연법칙

세계는 힘의 자유로 작동하지 않는다. 세계에서 아무것도 우연이지 않다. 세계는 사물을 다른 방식으로 낼 수 없었으며 내었던 순서와 다르게 사물을 낼 수도 없었다. 사물이 지금과 달라질 수 있으려면 세계의 힘이 반드시 달라져야 한다. 하지만 세계의 힘은 달라질 수 없다. 따라서 사물도 달라질 수 없다.

한 사물 알파를 생각하겠다. 가정컨대 사물 알파는 하느님이 아니다. 만일 사물 알파가 현존하면 알파는 그 본모습 또는 됨됨이에 따라 움직일 테다. 한편 정리 I25에 따르면 "하느님은 사물의 현존을 일으키는 작용 원인일 뿐만 아니라 그 사물의 본모습을 일으키는 작용 원인이기도 하다." 따라서 하느님은 사물 알파의 본모습과 현존을 일으키는 원인이다. 이는 하느님이 사물 알파의 이후 움직임을 모두 결정함을 함축한다.

0801. 단일체

사물 알파가 이런저런 방식으로 작동하도록 결정되었다고 가정한다. "이런저런 방식으로 작동한다"는 말은 '이런저런 결과를 낸다'를 뜻한다. 알파는 하느님이 아니기에 자신이 그렇게 작동하도록 저 스스로 결정할 수 없다. 만일 하느님이 사물 알파가 그렇게 작동하도록 결정했다면 알파는 그와 다르게 작동하도록 저 스스로 결정할 수 없다.

정리 I27: 하느님이 한 사물이 특정한 방식으로 작동하도록 결정했다면 그 사물 스스로 그렇게 결정되지 않도록 할 수 없다.

내가 "결정하다"로 옮긴 라틴 낱말은 "데테르미노"다. 이 낱말의 말샘은 '금긋다'다. "데테르미노"는 '한계 · 경계 · 범위를 정하다', '한정하다', '제한하다', '규정하다'를 뜻한다.

정리 I27에서 "한 사물이 특정한 방식으로 작동하도록 결정하다"는 "한 사물이 특정한 결과를 내도록 미리 결정하다"로 이해할 수 있다. 이 경우 정리 I27은 다음을 뜻한다. 하느님이 한 사물이 특정 결과를 내도록 미리 결정했다면 그 사물이 스스로 결정하여 그 결과를 내지 않도록 작동할 수는 없다. 에드윈 컬리는 이 정리를 "하느님이 한 결과를 내도록 한 사물을 결정했다면 그 사물 스스로는 그렇게 결정되지 않도록 만들 수 없다"로 옮긴다. 만일 세계 · 실체 · 하느님 · 자연이 사물 A가 사물 B를 일으키도록 결정했다면 사물 A가 사물 B를 일으키지 않는 일은 일어날 수 없다. 세계가 사물 A를 그렇게 결정했다면 사물 B가 안 일어나도록 사물 A 스스로 자기 경로나 행위를 바꿀 수 없다.

스피노자에게 모든 인과 관계는 개념 관계며 필연 관계다. 만일 하느님이 사물 알파의 본모습과 현존을 일으키는 원인이면 사물 알파의 본모습 및 그 현존은 하느님의 됨됨이로부터 반드시 따라 나온다. 만일 사물 A가 사물 B를 일으키도록 결정되었다면 그것은 세계 · 실체 · 하느님 · 자연의 필연성에 따라 그렇게 결정되었다. 거꾸로 만일 세계 · 실체 · 하느님 · 자연이 그렇게 결정하지 않았다면 자기 경로나 행위를 바꿈으로써 사물 A가 사물 B를 일으키도록 스스로 결정할 수는 없다.

> **정리 126: 특정한 방식으로 작동하도록 결정되었던 사물은 그렇게 하도록 하느님이 그 사물을 반드시 결정했다. 하느님이 결정하지 않았던 사물은 그렇게 작동하도록 스스로 결정할 수 없다.**

특정 결과를 내도록 미리 결정되었던 사물은 반드시 하느님이 그 결과를 내도록 그 사물을 결정하였다. 또한 하느님이 한 사물이 특정 결과를 내도록 결정하지 않았는데도 그 사물이 그 결과를 내도록 스스로 결정할 수는 없다.

스피노자의 체계는 유한 토막 사물의 현존을 받아들인다. 그는 유한 토막 사물을 "레스 파르티쿨라리스"라 한다. "레스"는 '사물'을 뜻하고 "파르티쿨라리스"는 '부분의', '조각의', '토막의'를 뜻한다. 이는 영어의 "퍼티큘러"particular에 해당하며 '개별'이나 '특정'으로 흔히들 번역된다. "레스 파르티쿨라리스"를 보통 "개체"나 "개물"로 옮기는데 나는 일단 "부분체"나 "토막 사물"로 옮기겠다.

개체 개별자	레스 파르티쿨라리스	퍼티큘러 씽	부분체
	레스 싱구라리스	싱귤러 씽	단일체
	인디비두움	인디비주얼 씽	불가분체

'개별자'나 '개체'한놈를 뜻하는 다른 낱말로는 "레스 싱구라리스"가 있다. 라틴 낱말 "싱구라리스"는 영어의 "싱귤러"singular에 해당한다. 이 낱말은 '하나'의 뜻이 담겼기에 "레스 싱구라리스"를 나는 "단일체"나 "단일 사물"로 옮기겠다. '개체'를 뜻하는 더 낯익은 낱말은 영어의 "인디비주얼"individual이며 라틴 낱말로는 "인디비두움"이다. 이 낱말은 '쪼갤 수 없는'을 뜻하기에 나는 이를 "불가분체"로 옮긴다. 한 '불가분체'가 쪼개진다면 그것은 본디 정체성을 잃는다. 이는 '단일체'도 마찬가지다. 그 강조하는 바가 조금씩 다르지만 "부분체", "단일체", "불가분체"는 모두 '개체'의 다른 표현으로 여길 수 있다. 대부분 학자는 스피노자가 "레스 싱구라리스"와 "레스 파르티쿨라리스"를 서로 바꿀 수 있는 표현으로 쓴다고 주장한다. 하지만 들뢰즈1925-1995를 포함해 몇몇 학자는 스피노자가 두 표현을 다른 뜻으로 쓴다고 주장한다.

스피노자는 『에티카』 제2부 정의에서 "레스 싱구라리

스"를 다음처럼 뜻매김한다. 한 영역자는 이를 "인디비주얼"로 옮기고 다른 영역자는 "퍼티큘러 씽"으로 옮긴다.

> **정의 II07: 내가 이해하기로 단일체는 유한한 사물이며 결정된 채 현존하는 사물이다. 만일 여러 불가분체[개체]가 함께 하나의 행위를 이루어 그것들 모두가 한꺼번에 단일 결과의 원인이 된다면 바로 이 점에서 나는 그것들 모두를 하나의 단일체로 여긴다.**

원문의 "결정된 현존을 지니는"을 "결정된 채 현존하는"으로 바꾸었다. "결정된 현존"은 그냥 '한정된 현존'이나 '제한된 현존'을 뜻한다. 만일 개별 토막들 A, B, C가 함께 힘을 모아 이들이 하나의 사물 D를 일으킨다면 개별 토막들 A, B, C의 꾸러미는 하나의 단일체로 여겨야 한다. 이 경우 단일체 {A, B, C}는 사물 D의 원인이고 사물 D는 단일체 {A, B, C}의 결과다.

불가분체든 단일체든 부분체든 그것이 현존한다면 정리 I15에 따라 그 개체는 하느님 안에 있다. 그것은 하느님 없이 현존할 수 없고 개념화될 수도 없다. 정리 I25에 따르면 하느님은 개체의 현존을 낳는 작용 원인일 뿐만 아니라 개체의 본모습을 낳는 작용 원인이다.

정리 I25의 따름정리: 부분체개체는 그냥 하느님 속모습의 바꿈 또는 모습일 뿐인데 이 모습으로써 하느님의 속모습이 특정하고 결정된 방식으로 표현된다.

부분체 · 단일체 · 개체가 하느님이 결정한 사물이면 이들 개체도 정리 I26과 I27의 적용 대상이다. 왜냐하면 부분체 · 단일체 · 불가분체 · 개체도 정리 I26에 나오는 "특정한 방식으로 작동하도록 결정되었던 사물"이기 때문이다.

정리 I24의 따름정리는 "하느님은 사물의 현존을 일으키는 원인일 뿐만 아니라 그 사물의 현존을 버티는 원인이기도 하다"고 말한다. 정리 I26에 따르면 "특정한 방식으로 작동하도록 결정되었던 사물은 그렇게 하도록 하느님이 그 사물을 반드시 결정했다. 하느님이 결정하지 않았던 사물은 그렇게 작동하도록 스스로 결정할 수 없다." 따라서 한 사물이 단일체 · 부분체 · 불가분체 · 개체면 하느님이 그 사물을 그렇게 되도록 반드시 결정했다. 하느님이 그 사물을 결정하지 않았다면 그 사물은 단일체 · 부분체 · 불가분체 · 개체일 수 없다. 하지만 유한하고 제한된 개체 그 자체는 하느님의 됨됨이로부터 뒤따를 수 없다. 왜냐하면 하느님의 됨됨이로부터 뒤따른 모습은 언제나 무한하고 언제나 현존해야 하기 때문이다.

유한 개체는 딸림 모습 곧 간접 무한 모습의 시공간 토막 · 조각 · 부분이다. 유한 개체는 딸림 모습 및 다른 개체들의 매개를 거쳐 하느님의 됨됨이로부터 뒤따른다. 이 점에서 유한 개체를 일으키는 원인은 딸림 모습의 다른 부분으로서 다른 유한 개체다. 따라서 한 유한 개체는 다른 유한 개체 덕분에 그렇게 제한되고 유한하게 결정된다. 나아가 그 다른 유한 개체도 다시 또 다른 유한 개체 덕분에 그렇게 제한되고 유한하게 결정된다. 가정컨대 사물 B는 제한되게 현존하고 유한하며 다른 단일체 A를 낳도록 결정되었다. 만일 단일체 C가 단일체 B를 낳지 않고 B로 하여금 A를 낳도록 결정하지 않았다면 B는 현존하지 않고 A를 낳을 수 없다. 이번에 만일 단일체 D가 C를 낳지 않고 C로 하여금 B를 낳도록 결정하지 않았다면 C는 현존하지 않고 B를 낳을 수 없다. 나아가 만일 단일체 E가 D를 낳지 않고 D로 하여금 C를 낳도록 결정하지 않았다면 D는 현존하지 않고 C를 낳을 수 없다.

이러한 인과의 고리 및 결정의 고리는 끝없이 뒤로 거슬러 가며 끝없이 거듭된다. 스피노자는 이를 하나의 정리로 삼는다.

> **정리 I28: 결정된 채 현존하고 유한한 사물 곧 단일체는, 그 또한 결정된 채 현존하고 유한한 다른 원인이 그것을 현존하고 작동하도록 결정하지 않는다면, 그렇게 현존할 수 없고 그렇게 작동하도록 결정될 수 없다. 나아가 이번에 그 원인도, 그 또한 결정된 채 현존하고 유한한 다른 사물이 그것을 현존하고 작동하도록 결정하지 않는다면, 그렇게 현존할 수 없고 그렇게 작동하도록 결정될 수 없으며, 이렇게 끝없이 나아간다.**

원문의 "결정된 현존을 지니고"를 "결정된 채 현존하고"로 바꾸었다. "결정된 채 현존하고 유한한 사물"은 "결정된 채 현존하는 유한 사물"이며 '단일체'나 '개체'를 뜻한다.

단일체는 이미 결정된 사물이다. 이 때문에 인용문에서 "그렇게 현존할 수 없고 그렇게 작동하도록 결정될 수 없다"는 짧게 "그렇게 작동될 수 없다"로 바꿀 수 있다. 이 경우 정리 I28은 다음처럼 간추릴 수 있다.

> 정리 I28: 한 단일체는 그 원인으로서 다른 단일체가

없다면 그렇게 작동될 수 없다. 나아가 그 다른 단일체도 또 다른 단일체가 없다면 그렇게 작동될 수 없고 이렇게 끝없이 나아간다.

한 단일체는 다른 단일체를 낳고 그 단일체가 또 다른 단일체를 낳도록 한다. 이것은 세계의 무한 모습을 이루는 끝없이 많은 유한 개체 · 단일체 · 부분체 · 불가분체의 존재 사슬이며 인과 그물이다. 다만 한 단일체는 정의상 여러 개체로 이루어지는데 여러 개체가 힘을 모아 한 결과를 낳는다.

0802. 되는 자연과 된 자연

정리 I11에서 밝혔듯 실체 · 세계 · 하느님 · 자연은 그 자체로 필연 존재다. 세계는 반드시 있는 존재이기에 세계는 어쩌다 생긴 우연 존재가 아니다. 세계의 속모습은, 마치 실체인 양, 제 안에 스스로 있고 다른 개념의 도움 없이 제 홀로 개념화된다. 한 속모습으로부터 그 첫 모습이 반드시 뒤따르고 그로부터 버금 모습이 반드시 뒤따른다. 세계의 속모습들, 첫 모습, 버금 모습에서 우연 요소가 개입될 여지가 없다.

시간 단면으로서 버금딸림 모습은 버금 모습으로부터

반드시 뒤따른다. 현재 시점 p에 현존하는 버금딸림 모습 m_p는 버금 모습 {…, m_{-2}, m_{-1}, m_p, m_1, m_2, …}의 한 시간 단면이다. 버금딸림 모습 m_p는 다음 시점에 현존하는 버금딸림 모습 m_1을 낳고 이로 하여금 그다음 시점에 현존하는 버금딸림 모습 m_2를 낳도록 결정한다. 버금딸림 모습 m_t를 유한 개체의 전체 꾸러미로 개념화할 때 셋째 딸림 모습 {m_{t1}, m_{t2}, m_{t3}, …}이 나타난다. 버금딸림 모습 안에 우연 요소가 없듯 그것을 유한 개체의 전체 꾸러미로 여기더라도 그 안에 우연이 개입되지 않는다. 유한 개체 m_{tj}는 셋째 딸림 모습의 공간 토막이다. 정리 I27에 따르면 유한 개체도 시간 및 장소를 따라 다른 유한 개체들과 정해진 방식으로 인과 관계를 맺고 상호작용하도록 결정되었다. 이를 결정하는 이는 실체 · 세계 · 하느님 · 자연이다. 하지만 여기에 스피노자가 또렷이 말하지 않은 미묘한 점이 있다. 시간 토막내기와 공간 토막내기가 상상의 결과면 유한 개체의 출현은 우연의 영역으로 이해될 수 있다.

시점 p에 현존하는 유한 개체 m_{p1}은 그 시점에 현존하는 셋째 딸림 모습 {m_{p1}, m_{p2}, m_{p3}, …}을 이루는 한 부분이다. 그다음 시점에 현존하는 유한 개체 m_{11}은 그 시점에 현존하는 셋째 딸림 모습 {m_{11}, m_{12}, m_{13}, …}을 이루는 한 부분이다.

시점 p에 현존하는 셋째 딸림 모습 안에서 유한하게 현존하는 유한 개체 m_{p1}은 그다음 시점에 현존하는 셋째 딸림 모습 안에서 유한하게 현존하는 유한 개체 m_{11}을 낳는다. 유한 개체 m_{11}은 그다음 시점에 현존하는 셋째 딸림 모습 안에서 유한하게 현존하는 유한 개체 m_{21}을 낳는다. 유한 개체들 m_{p1}, m_{11}, m_{21} 사이에는 시간에 걸친 인과 관계가 성립한다. 이 인과 관계는 버금딸림 모습들 m_p, m_1, m_2 사이에 성립하는 인과 관계에서 비롯된다. 버금딸림 모습들의 인과 관계는 버금 모습 $\{\cdots, m_{-2}, m_{-1}, m_p, m_1, m_2, \cdots\}$ 안에 이미 모두 담겼다.

스피노자가 또렷이 말하지 않았지만 같은 시점에 현존하는 유한 개체들끼리 상호작용할 수도 있다. 이들 모두를 고려한 통시 및 공시 인과 그물은 우리가 도식화하지 못할 만큼 매우 복잡하다. 아무튼 세계에서 개체에 이르기까지 맺어진 '안에 있음' 관계, 뒤따름 관계, 인과 관계에 우연 요소는 없다.

정리 I29: 자연에서 아무것도 우연이지 않다. 모든 것이 하느님의 됨됨이가 가진 필연성에 따라 현존하고 특정한 방식으로 작동하도록 결정되었다.

몇몇 번역가는 "특정한 방식으로 작동하도록"을 "특정한 결과를 내도록"으로 달리 옮긴다.

하느님에게서 비롯된 결과물은 하느님과 정확히 무슨 관계를 맺는가? 하느님의 첫 모습, 으뜸 모습, 직접 모습은 하느님이 낳은 결과물이다. 정리 I28 주석에 따르면 하느님은 이 결과물의 "절대 근접 원인"이다. 스피노자는 '근접 원인'을 '절대 근접 원인'과 '간접 근접 원인'으로 나눈다. '절대 근접 원인'은 원인과 그 결과 사이에 아무것도 놓이지 않는 '직접 근접 원인'이다. 하느님은 그 첫 모습을 낳은 직접 근접 원인이다. 한편 하느님과 그 첫 모습은 같은 갈래에 속하지 않으며 하느님 안에 그 첫 모습이 있을 뿐이다. 반면 손예진은 그의 아들을 낳은 간접 근접 원인인데 손예진과 그의 아들은 같은 갈래에 속하는 다른 사물이다.

유한 개체, 단일체, 부분체, 불가분체는 하느님의 첫 모습이 아니다. 이들은 또한 하느님의 딸림 모습도 아니다. 스피노자 당시의 몇몇 신학자와 형이상학자는 하느님이 유한 개체의 "원격 원인" 또는 "멀리 떨어진 원인"이라 주장한다. 그들에게 "멀리 떨어진 원인"은 "그 결과와 결코 가까이 이어질 수 없는 원인"[정리I28주석]을 뜻한다. 스피노자는 하느님이 이들 유한 개체의 먼 원인이라는 주장에 반대한다. 유한 개체조차도 하느님 안에 있으며 그 현존과 그 개념화에서 하느님에게 의존한다. 스피노자는 유한 개체도 하느님의 됨됨이로부터 비롯된 결과물이라 주장하고 싶다. 이를 주장하려면 유한 개체들의 전체 꾸러미를 파악해야 하고 이것이 셋째 딸림 모습임을 파악해야 한다. 셋째 딸림 모습이 버금딸림 모습의 공간 토막내기로 나타났고, 버금딸림 모습이 버금 모습의 시간 토막내기로 나타났음을 헤아려야 한다.

스피노자는 정리 I29의 주석에서 중세철학의 표현 "나투라 나투란스"와 "나투라 나투라타"를 언급한다. 움직씨 낱말 "나투로"는 '스스로 내다/되다', '저절로 내다/되다'를 뜻한다. "나투란스"는 "나투로"의 능동 현재 분사인데 '스스로 내는/되는'을 뜻한다. "나투라타"는 "나투로"의 수동 완료 분사인데 '저절로 낸/된'을 뜻한다. "나투라 나투란스"는 '스스로 내는 자연', '스스로 되는 자연', '생성하는 자연', '생산하는 자연', '산출하는 자연', '능산 자연', '능동 자연', '원인으로서 자연'이다. "나투라 나투라타"는 '스스로 낸 자연', '스스로 된 자연', '생성된 자연', '생산된 자연', '산출된 자연', '소산 자연', '수동 자연', '결과로서 자연'이다.

스피노자의 표현에 따르면 "나투라 나투란스"는

> "저 안에 있고 저를 거쳐 개념화되는 것 또는 영원하고 무한한 본모습을 표현하는 실체의 속모습들, 곧 자유원인으로서 개념화되는 한에서 하느님"[정리I29주석]

이다. "나투라 나투라타"는

> "하느님 됨됨이나 그 속모습의 필연성으로부터 뒤따르는 모든 것, 곧 하느님 안에 있고 하느님 없이 있을 수도 개념화될 수도 없는 사물로 여기는 한에서 하느님 속모습의 모든 모습"[같은곳]

이다. "나투라"를 "됨됨이"로 옮기면 "나투라 나투란스"는 '되는 됨됨이'고 "나투라 나투라타"는 '된 됨됨이'다. 되는 됨됨이는 하느님의 됨됨이다. 된 됨됨이는 된 것들, 난 것들, 생긴 것들의 됨됨이다.

지성 안의 관념은 사물을 표상한다. 한 사물이 지성 안에 제대로 표상되면 그 사물은 지성 안에 '객관으로' 또는 '대상으로' 있다. 스피노자가 쓴 표현은 "오비엑티부스"다. 한 사물이 지성의 대상이 되어 그 사물의 모든 요소와 개념이 지성 안에 고스란히 담긴다면 지성 안에서 '표상된' 그 대상은 참인 관념이다. 참인 관념은 대상의 모든 요소를 고스란히 담은 알찬 관념이다. 참인 관념은 온전한 관념이며 고스란한 관념이다. 한편 공리 I06은 "참인 관념은 그 관념 대상과 맞아야 한다"고 말한다. "맞다"에 해당하는 "콘베니레" 또는 "콘베니오"는 본디 '함께 가다'를 뜻한다.

한 사물이 '퍼짐' 어휘에 따라 기술되면 물체지만 '생각' 어휘에 따라 기술되면 관념 또는 마음이다. 서로 다른 어휘에 따라 기술되었을 뿐 물체와 그 물체의 관념은 똑같다. 달리 말해 한 물체의 참인 관념은 그 물체와 똑같다. 이는 '퍼짐' 어휘에 따라 기술된 물체에만 적용되지 않는다. 한 사물의 참인 관념은 그 사물과 똑같다. 만일 한 사물이 지성 안에 '대상으로' 또는 '객관으로' 담긴다면 그 사물은 세계 안의 한 모습이다. 이를 두고 스피노자는 "지성 안에 '객관으로'오비엑티부스 담긴 모든 것은 자연 안에도 반드시 있어야 한다"정리I30증명고 말한다. "객관으로" 지성 안에 있음은 '생각의 대상으로' 또는 '객체답게' 지성 안에 있음을 뜻한다. 파킨슨의 설명에 따르면 한 사물이 지성 안에 '객관으로' 현존한다는 말은 두 가지 뜻을 갖는다. 첫째, 그 사물은 '생각' 어휘로 기술된 마음 사물이다. 둘째, 그 사물은 무엇의 표상이다.

만일 사물 m이 현존하지만 지성이 사물 m의 관념을 갖지 못하면 지성은 그 관념의 대상 m이 세계 안에 있다고 생각할 수 없다. 하지만 여러 정리에서 밝혔듯 우리 지성은 실체 · 하느님 · 자연이 있음을 안다. 나아가 무슨 사물이든 그것은 세계 · 실체 · 하느님 · 자연의 속모습이거나 그 모습 · 바꿈 · 바뀜임을 안다. 이는 무한 지성이든 유한 지성이든 지성 안에는 하느님의 속모습 관념 및 그의 모습 관념이 담겼음을 뜻한다. 그 관념이 참인 한 그 관념의 대상은 세계 안에 현존한다. 나아가 무한하든 유한하든 지성은 하느님의 속모습과 그의 모습 말고 다른 사물이 없음을 안다.

마침내 스피노자는 다음 정리를 얻는다.

정리 I30: 활동하는 지성은, 유한하든 무한하든, 하느님의 속모습과 그의 바꿈을 파악하며 다른 것은 파악하지 못한다.

스피노자가 "파악하다"를 표현하려고 쓴 라틴 낱말은 "콤프레헨도"다. 정리 I30에서 "활동하는 지성" 또는 "활동 중인 지성"은 그냥 단순히 '현존하는 지성'을 뜻하지 않고 '헤아리는 일을 지금 펼치는 지성'을 뜻한다. 물론 스피노자는 "모든 현존하는 지성은 지금 활동한다"를 받아들인다. "내가 여기서 활동하는 지성을 말하는 까닭은 내가 잠재된 지성 따위의 존재를 받아들이기 때문은 아니다."정리I31주석 그는 '잠자는 지성'을 가정하고 그런 지성이 하느님의 속모습과 그의 바꿈을 파악하지 못한다고 말하는 이들과 굳이 논쟁하지 않는다. 그는 '지성의 활동' 또는 '지성 작용 자체'에 바탕을 두고 논의를 진행하고 싶다. 왜냐하면 지성의 활동 자체가 우리 지성에게는 가장 또렷하기 때문이다. 우리 지성은 우리 지성이 지금 활동 중임을 가장 잘 안다. 특히 그가 보기에 "하느님에게 잠재된 지성은 없고 오직 활동하는 지성만 있을 뿐이다." 정리I33주석2

'물질', '퍼짐', '퍼지는 일'은 아직 모습을 띠지 않은 속모습이다. '생각', '생각함', '생각하는 일'도 아직 모습을 띠지 않은 속모습이다. 이들 속모습은 있는 그대로 '맨살의' 속모습이다. '맨살의' 속모습은 아직 꾸미지 않고 아무것도 걸치지 않아 아직 그 모습이 드러나지 않는다. 이들 맨살의 속모습을 스피노자는 "절대 속모습" 또는 "속모습의 절대 됨됨이"라 한다. '맨살의 속모습' 또는 '절대 속모습'은 그 됨됨이에 따라 바뀌어 여러 모습을 띤다. 지성은 그렇게 생성된 모습 가운데 하나다. 지성은 맨살의 생각 곧 절대 생각이 그 됨됨이에 따라 나고 자라며 된 모습이다. 지성은 '되는 자연'에 속하지 않고 '된 자연'에 속한다. 지성 말고도 생각의 됨됨이로부터 자란 모습에는 '의지'[뜻함], '바람', '사랑' 따위가 있다.

> **정리 131: 활동하는 지성은, 유한하든 무한하든, 뜻함 바람 사랑 따위와 마찬가지로, '되는 자연'으로 언급되기보다는 '된 자연'으로 언급되어야 한다.**

지성은 생각의 한 모습이며 이것은 실체의 속모습 '생각' 없이 있을 수 없고 개념화될 수도 없다. 지성은 생성하는 자연이라기보다 생성된 자연에 해당하고 생성된 자연에 속한다. 하느님의 첫 모습으로서 무한 지성은 '생성하는 자연'이 아니라 '생성된 자연'에 해당한다. 무한 지성은 속모습이 아니며 실체가 아니다. 무한 지성은 시간을 떠나 영원하지 않으며 다만 시간 안에서 무궁히 지속할 뿐이다.

0803. 의지와 지성

의지 · 뜻[볼룬타스] 또는 의지함 · 뜻함[볼리티오]은 속모습 생각의 한 모습이다. 스피노자는 낱말 "볼룬타스"[의지]와 "볼리티오"[뜻함]를 번갈아 쓴다. 두 낱말은 라틴 낱말 "볼로"에서 왔는데 '바라다', '하고 싶다', '탐내다', '뜻하다', '의도하다'를 뜻한다.

이는 영어의 "윌"will과 말샘이 같다. 인도유럽할머니말에서 그 말샘은 '고르다'나 '바라다'를 뜻한다. '볼리티오'는 아마 '볼룬타스'의 활동이다. 스피노자에게 개별 지성은 개별 관념 또는 개별 개념작용이듯 개별 의지는 개별 의지함이다. 나아가 그에게 개별 의지함 · 뜻함은 개별 관념에 지나지 않는다. 이는 지성과 의지가 별개의 개체가 아님을 뜻한다. 아무튼 '볼룬타스'의 활동 하나하나는 개별 모습이고 말하자면 '개체'다.

하나하나의 볼리티오뜻함가 개체면, 정리 I28에 따라, 그것은 다른 개체의 결과여야 한다.

> "다른 원인이 각각의 뜻함볼리티오을 결정하지 않는다면, 또한 다른 사물이 그 원인을 결정하지 않는다면, 이렇게 끝없이 나아가지 않는다면, 무슨 뜻함이든 그것은 현존할 수 없거나 그렇게 작동되도록 결정될 수 없다."
>
> 정리I32증명

나아가 무한한 의지도 실체의 맨살 속모습이 아니다. 무한 의지는 맨살의 속모습 '생각'이 바뀐 모습이다. 무한 의지조차도 그렇게 현존하고 그렇게 작동하도록 하느님이 결정해야 한다. 또는 영원하고 무한한 본모습을 표현하는 하느님의 속모습이 그 무한 의지를 결정해야 한다. 시간과 장소에 따라 바뀌는 가변 요소가 의지를 좌우하지 않는다.

무한하든 유한하든 의지는 그 현존과 그 작동을 결정하는 원인이 반드시 있어야 한다. 정의 I07을 다시 떠올릴 때다.

> **정의 I07: 한 사물이 오로지 자기 본모습의 필연성으로만 현존하고 오로지 저 자신에 따라서만 행위하도록 결정되었다면 그 사물은 자유롭다. 하지만 다른 것이 그 사물을 현존하도록 하고 모종의 결정된 방식으로 작동하도록 결정한다면 그 사물은 필연이거나 차라리 강제되었다.**

이 정의에 따라 다음 정리를 얻는다.

> **정리 I32: 의지[볼룬타스]는 자유 원인으로 불릴 수 없고 다만 필연 원인으로 불릴 수 있다.**

모습으로서 의지는, 무한하든 유한하든, 그것은 필연 원인이며 강제 원인이다. 오직 실체만이, 세계만이, 자연만이, 하느님만이, 그의 속모습만이 자유 원인이다.

하느님만이 자유 원인이기에 무한 의지조차 자유 원인이 아니다. 하느님은 의지의 자유에 따라 그 결과를 생성하지 않는다. 유한하든 무한하든 의지는, 다른 모든 자연 사물이 그렇듯, 하느님이 그 현존과 작동을 결정한다. 표현 "하느님의 의지에 따라"는 일종의 의인법인데 이는 그냥 '하느님의 됨됨이로부터'나 '하느님의 본모습으로부터'를 뜻할 뿐이다. 그리하여 우리는 다음 따름정리를 얻는다.

정리 I32의 따름정리: 첫째, 하느님은 의지의 자유로 작동하지 않는다. 둘째, 움직임 및 멈춤이 하느님의 됨됨이와 관계 맺는 방식으로 의지 및 지성도 그의 됨됨이와 관계 맺는다.

또한 "하느님이 모든 자연 사물을 현존하도록 결정하고 특정 방식으로 작동하도록 결정하는 것처럼"[I32따름정리2] 의지도 하느님의 됨됨이와 관계 맺는다.

스피노자는 움직임 및 멈춤이 하느님이 가진 속모습 '퍼짐'의 첫 모습이라 말한 적이 있다. 그에게 무한 지성 또는 하느님의 지성은 하느님이 가진 속모습 '생각'의 첫 모습이다. 만일 퍼짐의 첫 모습 '멈춤'이 생각의 첫 모습 '지성'

에 빗댈 수 있다면 펴짐의 첫 모습 '움직임'은 생각의 첫 모습 '의지'에 빗댈 수 있다. '멈춤'과 '지성'은 세계의 불변성을 대표하고 '움직임'과 '의지'는 세계의 역동성을 대표한다. 움직임 및 멈춤이 하느님의 됨됨이로부터 곧바로 반드시 뒤따르는 첫 모습이듯 지성 및 의지도 하느님의 됨됨이로부터 곧바로 반드시 뒤따르는 첫 모습이다. 하느님의 됨됨이와 그의 본모습은 이들 첫 모습의 현존, 작동, 행동, 행위, 활동을 결정한다.

지성과 의지가 똑같은 모습이면 하느님의 지성과 하느님의 의지는 같다. 하느님의 지성과 그의 의지는 생각의 첫 모습이며 으뜸 모습이다. 그 지성은 무한 지성이고 그 의지는 무한 의지다. 무한 지성은 모든 모습을 알고 그 의지는 모든 모습을 바란다. 물론 그 앎은 바뀌지 않는 무궁한 앎이고 그 바람은 바뀌지 않는 무궁한 바람이다. 하느님의 의지, 뜻, 바람으로 마치 모든 사물이 무한히 생성된다고 말할 수는 있다. 심지어 그 무한 의지로부터 딸림 모습이 생성된다고 말할 수도 있다. 하지만 이것은 하느님의 의지가 시간에 따라 변덕스럽게 이 사물을 생성하고 저 사물을 소멸할 수 있음을 뜻하지 않는다. 이는 펴짐의 첫 모습으로서 움직임 및 멈춤이 물체들을 변덕스럽게 생성할 수 없는 일과 똑같다. 움직임 및 멈춤으로부터 무한한 코스모스가 비롯되겠지만 움직임 및 멈춤으로부터 마구잡이 코스모스가 비롯될 수는 없다.

자유로운 움직임 및 멈춤이 없듯 자유로운 의지 및 지성도 없다. 스피노자는 정리 I32의 따름정리를 해설하며 다음처럼 말한다.

> "주어진 의지 곧 지성으로부터 끝없이 많은 사물이 뒤따르더라도 이를 이유로 하느님이 의지의 자유에 따라 행한다고 말할 수 없다. 이는 움직임 및 멈춤으로부터도 끝없이 많은 사물이 뒤따르는데 이를 이유로 하느님이 움직임 및 멈춤의 자유에 따라 행한다고 말할 수 없는 것과 같다. 따라서 다른 모든 자연 사물이 하느님의 됨됨이에 속하지 않듯 의지도 그의 됨됨이에 속하지 않는다."

의지는 하느님의 됨됨이, 본모습, 속모습이 아니라 하느님이 속모습에 따라 바뀐 모습이다. 퍼짐의 첫 모습, 운동 법칙, 보존 법칙, 마당 방정식으로부터 다른 물체 모습이 끝없이 비롯되는 일은 필연이다. 마찬가지로 생각의 첫 모습, 무한 지성, 무한 의지로부터 다른 마음 모습이 끝없이 비롯되는 일도 필연이다. 우리는 이 필연을 때때로 "하느님의 의지"라 표현할 뿐이다.

모든 사물은 하느님의 됨됨이로부터 반드시 뒤따른다. 하느님의 됨됨이는 그 필연성에 따라 모든 사물의 현존과 작동을 금긋고 결정한다. 하느님은 지금과 다른 됨됨이를 지닐 수 있는가? 정리 I07 또는 정리 I11에 따르면 실체는 자기 됨됨이 안에 현존을 품는다. 스피노자는 다음을 받아들인다.

> 만일 됨됨이 X를 지닌 실체가 가능하다면 됨됨이 X를 지닌 실체는 반드시 현존해야 한다.

지금 실체는 됨됨이 A를 지녔지만 만일 그 실체가 됨됨이 B를 지닐 수 있다면 됨됨이 A를 지닌 실체와 더불어 됨됨이 B를 지닌 실체도 현존해야 한다. 따라서 만일 지금 실체가 다른 됨됨이를 지닐 수 있다면 두 실체가 현존해야 한다. 하지만 두 실체가 현존할 수는 없다. 따라서 지금 실체는 다른 됨됨이를 지닐 수 없다.

지금 현존하는 사물과 다른 사물이 현존할 수 있는가? 지금 현존하는 사물이 지금과 다른 됨됨이를 지녀서 지금과 다른 방식으로 작동할 수 있는가? 생성된 자연 안에는 사물

A가 사물 B를 낳고 사물 B는 사물 C를 낳는 순서 또는 질서가 있다. 하지만 만일 다른 사물, 다른 됨됨이, 다른 작동 방식, 자연의 다른 순서가 가능하다면 이는 하느님의 됨됨이가 다를 수 있음을 뜻한다.

> "만일 사물이 다른 됨됨이를 지닐 수 있거나 그것이 다른 방식모습으로 작동되도록 결정될 수 있어서, 자연의 질서순서가 달랐다면, 하느님의 됨됨이도 지금과 다를 수 있었다."정리133증명

만일 하느님이 다른 됨됨이를 지닐 수 있다면 지금과 다른 하느님이 현존해야 한다. 하지만 여러 하느님이 있을 수 없고 지금과 다른 하느님이 있을 수도 없다.

따라서 지금 현존하는 사물과 다른 사물은 현존할 수 없으며, 지금 현존하는 사물은 지금과 다른 방식으로 작동할 수도 없다. 나아가 다른 순서 및 다른 질서가 자연에 있을 수 없다.

정리 133: 사물은 하느님으로부터 다른 방식으로 나올 수 없었으며 나왔던 질서와 다르게 나올 수도 없었다.

이 수동태 문장은 능동태 문장으로 바꿀 수 있다.

정리 133: 하느님은 사물을 다른 방식으로 낼 수 없었으며 내었던 순서와 다르게 사물을 낼 수도 없었다.

세계 · 실체 · 하느님 · 자연은 사물을 생성하는 현재의 방식 및 순서와 다르게 생성할 수 없다.

라이프니츠에게 하느님은 가능성의 샘이다. 하느님은 모든 가능성을 품을 수 있다. 하지만 스피노자에게 하느님은 유일한 실체며 유일한 자연 및 유일한 세계다. 나아가 그의 하느님은 유일하게 가능한 실체며 유일하게 가능한 세계다. 그 유일하게 가능한 실체로부터 유일하게 가능한 자연의 질서에 따라 사물들이 생성될 수 있다. 스피노자의 체계에서는 다른 실체, 다른 속모습, 다른 모습, 다른 사물, 다른 됨됨이, 다른 작동 방식, 다른 순서, 다른 질서가 아예 가능하지 않다. 스피노자의 이 같은 체계는 그냥 결정주의 체계가 아니라 필연 결정주의 체계, 엄격 필연주의 체계다.

스피노자 체계에서는 아무것도 우연이지 않다. 그의 체계 안에서는 우연히 현존하는 사물도 우연히 일어나는 사건도 없다. 우연 사물은 무엇인가? 그 현존이 불가능하거나 필연이면 그 사물은 우연 사물이 아니다. 그 현존이 불가능한 사물은 무엇인가? 스피노자에 따르면 한 사물의 현존을 낳는 외부 원인이 없다면 그 사물의 현존은 불가능하다. 왜냐하면 원인 없이 결과가 일어날 수 없기 때문이다. 따라서 그 현존을 낳는 외부 원인이 없는 사물은 우연 사물일 수 없다. 그다음 그 뜻매김, 됨됨이, 본모습 안에 모순이 담기면 그 사물의 현존은 불가능하다. 보기를 들어 둥근 네모는 그 뜻매김 안에 모순이 담기며 논리상 현존할 수 없다. 이 점에서 둥근 네모는 우연 사물일 수 없다.

그 뜻매김, 본모습, 됨됨이 안에 현존이 담긴 사물은 그 현존이 필연이다. 나아가 반드시 현존하는 사물로부터 반드시 뒤따르는 사물은 그 현존이 필연이다. "한 사물의 현존은 그 본모습 및 됨됨이로부터 반드시 뒤따르거나 주어진 작용 원인으로부터 반드시 뒤따른다."정리I33주석1 실체는 그 뜻매김, 본모습, 됨됨이 안에 현존이 담긴 사물이기에 반드시 현존한다. 모습은 반드시 현존하는 실체로부터 반드시 뒤따르는 사물이다. 따라서 스피노자 체계에서 사물의 모든 현존은 필연이다. 스피노자 체계에서는 아무것도 우연이지 않다. 우리가 한 사물 또는 사건을 두고 "우연이다"고 말할 수 있는 유일한 조건은 우리가 잘 모를 때다. 때때로 우리는 불가능한데 모순을 알아보지 못해 그것이 가능하다고 잘못 생각한다. 우리가 자연의 질서를 잘 모르면 한 사물의 작용 원인이 우리에게 드러나지 않는다. 이때 우리는 그 사물이 우연히 현존한다고 말한다. 여기서 스피노자는 '우연'과 '가능'을 또렷이 구별하지 않는다. 하지만 그는 『에티카』 제4부에서 '우연한 개체'와 '가능한 개체'를 또렷이 구별한다.

스피노자는 세계 · 실체 · 하느님 · 자연의 우연성을 모두 버리고 그 철저한 필연성만을 받아들인다. 그는 지금 우리가 살고 겪고 아는 이 세계와 다른 세계를 생각할 수 없다고 말한다. 이로써 그는 지금의 이 세계 · 실체 · 하느님 · 자연이 완전하다고 말할 수 있다. 하지만 당대 지식인, 신학자, 종교 권력자, 정치인은 자의성을 갖는 하느님 개념으로 무장한 채 하느님이 대중과 민중의 행위에 따라 그들에게 징벌을 내린다고 말들 한다. 이에 스피노자는 종교 · 정치 · 문화 · 권력자들이 잘못된 하느님 개념으로 사람들을 지배하고 통제하며 억압한다고 비판한다. 스피노자는 오히려 그들에게 이렇게 말한다. 만일 당신이 하느님의 자의성을 믿는다면 당신은 하느님의 완전성을 믿지 않는 셈이다. 하느님께 '의지의 자유'와 '절대 자유'를 준답시고 하느님이 지금과 달리 행할 수 있었다고 말하는 일은 지금의 하느님이 완전하지 않다고 말하는 일이다.

0804. 법과 힘

하느님께 절대 자유를 주려는 이들은 하느님이 주어진 한 개체를 지금보다 더 완전하게, 더 낫게, 더 좋게, 더 착하게, 더 예쁘게 만들 수 있었으며 그 개체를 지금보다 더 불완전하게, 더 못하게, 더 나쁘게, 더 못되게, 더 못나게 만들 수 있었다고 말한다. 이 때문에 사람은 하느님께 고마워하거나 그를 두려워해야 한다고 말한다. 나아가 하느님은 당장에라도 그 개체를 더 완전하게, 더 낫게, 더 좋게, 더 착하게, 더 예쁘게 바꿀 수 있고 또는 더 불완전하게, 더 못하게, 더 나쁘게, 더 못되게, 더 못나게 바꿀 수 있다고 말들 한다.

스피노자가 보기에 이는 아예 잘못된 하느님 개념에 바탕을 둔 어리석은 견해다. 이 견해는 "하느님은 한 사물을 이러저러하게 헤아리지만 자기 뜻에 따라 그 사물을 그와는 다르게 헤아릴 수 있다"고 말하는 셈이다. 이는 그 자체로 터무니없는 말이다. 스피노자는 세계 · 실체 · 하느님 · 자연의 자의성을 아예 버리고 세계의 필연성을 바탕으로 사람의 올바른 삶을 모색한다. 지성에 바탕을 두고 하느님을 제대로 개념화하는 일은 그 모색의 첫걸음이다. 그 모색의 첫걸음이 바로 『에티카』 제1부다.

스피노자가 보기에 가장 잘못된 견해는 "하느님은 좋음선을 염두에 두고 모든 일을 행한다"정리33주석2 또는 "하느님은 선의 규범에 따라 움직인다"다. 플라톤은 이 같은 견해를 지닌 적이 있다. 이 견해가 참이려면 하느님이 따라야 할 절대불변의 영원한 법령이 하느님 이전에 이미 있어야 한다. 스피노자가 보기에 이 견해는 하느님조차도 운명 아래에 두는 견해와 비슷하다. "운명"은 '그 자체로 따로 주어진 어쩔 수 없는 사실'이다. 하느님은 자신이 따라야 할 본보기, 모범, 귀감, 목표, 목적을 따로 두지 않는다. 스피노자가 보기에 이보다 조금 더 나은 견해는 "만물은 좋지도 나쁘지도 않은 하느님의 뜻에 따라 생성된다"나 "만물은 하느님의 기쁘신 뜻에 따라 좋거나 나쁘다"다. 스피노자는 이 견해도 거부하는데 그는 다만 "만물은 하느님의 됨됨이로부터 반드시 뒤따랐다" 또는 "만물은 하느님의 모습이다"를 받아들인다.

하느님은 다른 준거에 따라 행위하지 않으며 오히려 결의 · 명령 · 천명 · 법령 자체를 창출한다. 그의 결의 · 명령 · 천명 · 법령은 하느님과 함께 현존하며 영원하다.

> "영원에는 '이전', '그때', '이후'가 없기에, 오직 하느님의 완전성으로부터는 하느님이 다른 것을 결의할 수 없고 다른 것을 결의했었을 수 없음이 따라 나온다. 곧 그의 결의 이전에 하느님은 있지 않았고 그의 결의 없이 하느님이 있을 수 없음이 따라 나온다."정리33주석2

내가 "결의"로 옮긴 라틴 낱말은 "데크레툼"이다. 겉보기에 "하느님은 외부 규범 없이 자기 뜻에 따라 만물을 생성한다"는 견해는 별 무리 없는 견해처럼 보인다. 이 견해는 하느님에게 나름의 자유를 준다. 하느님 자신뿐만 아니라 모든 사물이 하느님으로부터 비롯되었다는 뜻으로 하느님께 자유를 준다면 이는 나무랄 데 없다. 하지만 이 자유는 제 마음대로, 제 뜻대로, 제멋대로 자유가 아니다. 하느님의 자유는 그가 자기 됨됨이에 따라 세운 절대불변의 영원한 결의 · 명령 · 천명 · 법령으로 만물을 창출하는 자유다. 하느님은 자기 됨됨이를 벗어나 새로운 법령을 제멋대로 또는 기분에 따라 결의하지 않는다.

스피노자에게 절대불변의 영원한 법령은 하느님의 됨됨이에 따라 생기는 무한 모습이다. 하느님의 법령을 '생각' 어휘로 기술하면 그것은 하느님의 지성앎이며 그의 의지뜻함다. 하느님의 법령을 ‘펴짐’ 어휘로 기술하면 그것은 자연의 보존 법칙[멈춤]이며 운동 법칙[움직임]이다. 하느님의 법령 및 자연의 법칙은 사물의 현존 및 작동을 결정하는 그의 첫 모습이다. 사물의 현존 및 작동을 시시때때로 바꾸는 일은 하느님이 시시때때로 새로운 법령을 만드는 일이다. 하느님이 시시때때로 새로운 법령을 만들지는 않기에 하느님은 사물의 현존 및 작동을 시시때때로 바꾸지 않는다. 하느님이 코스모스나 코뮌에 개입하여 지금 이곳을 수시로 바꿀 수 있다고 말하는 일은 하느님에게 변덕스러움 또는 자의성을 주는 일이다. 하느님에게 그와 같은 자의성을 주는 일은 “가치 없을 뿐만 아니라 앎에 못 이르게 하는 커다란 걸림돌이다”[정리I33주석2] 하느님은 시시때때로 새로운 법령을 만들지 않는다.

하느님은 처음 법령을 만들 때 지금과 다른 법령을 만들 수는 없는가? 데카르트는 하느님이 그의 의지 · 뜻 · 마음에 따라 다른 필연 진실들을 창출할 수 있다고 생각했다. 그는 지금 세계에서 성립하는 법칙과 다른 논리 법칙, 다른 운동 법칙, 다른 보존 법칙이 가능하다고 본다. 하느님은 마음대로, 뜻대로, 하고 싶은 대로, 멋대로 그 법칙을 바꿀 수 있다는 말이다. 스피노자는 하느님의 법령 · 지성 · 의지가 하느님의 본모습 · 됨됨이 · 속모습이라 생각하지 않는다. 그에게 하느님의 법령 · 지성 · 의지는 하느님의 본모습 · 됨됨이 · 속모습으로부터 뒤따르는 모습이다. 당시의 다른 학자는 하느님의 법령 · 지성 · 의지 자체를 하느님의 본모습으로 여겼다. 스피노자는, 하느님의 법령 · 지성 · 의지를 그의 본모습으로 여기든 말든, 하느님이 지금과 다른 법령 및 법칙을 만드는 일 자체가 불가능하다고 주장한다.

만일 하느님이 다른 법령을 만든다면 이는 그가 지금과는 다른 됨됨이를 가졌음을 뜻한다. 다른 됨됨이를 가진 하느님은 다른 하느님이다. 하느님이 다른 됨됨이를 가질 수 있다면 다른 됨됨이를 가진 하느님이 현존해야 한다. 그 하느님이 현존한다면 지금 현존하는 하느님이 가장 완전한 존재라 말하기 어렵다. 만일 하느님이 다른 법령을 만들 수 있고 다른 됨됨이를 가질 수 있다면 그 하느님은 완전한 존재가 아니다. 이처럼 하느님이 처음에 지금과 다른 법령을 만들 수 있다는 발상은 하느님에게 불완전성을 주는 일이다. 만일 하느님이 절대로 유일한 완전 존재면 그가 지금과 다른 법령 및 법칙을 만드는 일은 그 자체로 불가능하다.

스피노자는 정리 I33의 둘째 주석에서 자연의 필연성을 다음처럼 짧게 논증한다.

"모든 사물은 하느님의 힘에 기댄다. 사물이 지금과 달라질 수 있으려면 하느님의 의지가 반드시 달라져야 한다. 하지만 우리가 방금 하느님의 완전성으로부터 매우 밝게 밝혔듯 하느님의 의지는 달라질 수 없다. 따라서 사물도 달라질 수 없다."정리I33주석2

내가 "힘"으로 옮긴 라틴 낱말은 "포테스타스"다. 하느님이 '다른 사물을 창출하는 힘을 가짐'은 '다른 사물을 창출하는 원인이 됨'이다. '힘을 가짐'은 곧 '사물을 낳는 원인이 됨'이다. 하느님은 자신을 창출하는 자기 원인이며 다른 모든 사물을 창출하는 원인이다.

하느님이 모든 것의 원인임은 그의 뜻매김, 본모습, 됨됨이 안에 담긴 필연성에서 비롯된다. 하느님의 힘은 그의 본모습에서 비롯된다. 또한 하느님의 본모습은 다름 아니라 '모든 사물을 낳는 힘을 가짐'이다. 스피노자는 이를 다음처럼 간추린다.

정리 I34: 하느님의 힘은 바로 그의 본모습이다.

여기서 "힘"으로 옮긴 라틴 낱말은 "포텐티아"다. 몇몇 학자의 해석에 따르면 스피노자가 쓴 라틴 낱말 "포테스타스"와 "포텐티아"는 그 뜻이 다르다. 나는 그냥 두 낱말을 모두 "힘"으로 옮겼다. 실버쏜과 키스너의 설명에 따르면 스피노자에게 "포텐티아"는 대체로 '사물이 고유하게 가진 내부 힘'을 뜻하고 "포테스타스"는 '고유하게 갖는 힘이든 다른 사물로부터 물려받은 힘이든 사물이 할 수 있는 무엇'을 뜻한다. 한국의 몇몇 학자는 "포텐티아"를 "역량", "능력", "활력"으로 옮기고 "포테스타스"를 "권한"이나 "권력"으로 옮긴다.

만일 하느님의 힘이 곧 그의 본모습이면 한 사물이 하느님의 힘 안에 있다는 말은 그 사물이 하느님의 본모습 안에 있다는 말이다. 한 사물이 하느님의 본모습 안에 있다는 말은 그 사물의 현존이 그의 본모습으로부터 반드시 뒤따른다는 말이다. 따라서 한 사물이 하느님의 힘 안에 있다면 그 사물은 반드시 현존한다.

정리 135: 우리가 하느님의 힘 안에 있다고 개념화하는 사물은 무엇이든 반드시 존재한다.

여기에 쓰인 "힘"은 "포테스타스"다. 한 사물이 하느님의 힘 안에 있다는 말은 무슨 뜻인가? 아마 그 사물의 본모습과 현존이 하느님의 힘이 닿는 곳에 있다는 말이다. 만일 한 사물의 본모습과 현존이 하느님의 힘이 닿는 곳에 있다면 당연히 하느님은 반드시 그 힘에 따라 그 사물을 생성할 테다.

정리 I25의 따름정리에 따르면 "개체는 그냥 하느님 속모습의 바꿈 또는 모습일 뿐인데 이 모습으로써 하느님의 속모습이 특정하고 결정된 방식으로 표현된다." 현존하는 개별자는 하느님의 본모습, 됨됨이, 속모습을 이런저런 제한된 방식으로 표현한다. 정리 I34에 따르면 하느님의 힘은 곧 그의 본모습이다. 개체는 하느님의 힘을 이런저런 제한된 방식으로 표현한다. 하느님의 힘은 다른 사물을 낳는 힘이다. 이 때문에 개체는 하느님이 이런저런 제한된 방식으로 다른 사물을 낳는 힘을 표현한다. 이 점에서 '한 개체가 다른 개체의 원인이 되는 일'은 '하느님의 힘을 이런저런 제한된 방식으로 표현하는 일'이다.

한 개체는 본디 하느님의 힘을 이런저런 제한된 방식으로 표현한다. 하느님의 힘은 만물을 낳는 힘이다. 따라서 한 개체의 본모습 또는 됨됨이는 '그 나름의 방식으로 하느님의 힘을 표현함'이며 '다른 개체의 원인이 됨'이다. 한 개체는 본디 다른 개체의 원인이다. 한 개체가 본디 다른 개체의 원인이 되지 않는다면 그 개체는 아예 현존할 수조차 없다.

정리 136: 그 됨됨이로부터 아무 결과도 뒤따르지 않는 것은 현존하지 않는다.

또는 "그 됨됨이로부터 몇몇 결과가 뒤따르지 않는 것은 현존하지 않는다." 이를 긍정 표현으로 바꾸면 "현존하는 모든 사물은 그 됨됨이로부터 몇몇 결과가 뒤따른다." 또는 "한 사물이 현존한다면 그 됨됨이로부터 몇몇 결과가 뒤따른다." 정리 136은 『에티카』 제1부의 마지막 정리다. 이 정리에 따르면 무슨 사물이든 그 사물은 본디 다른 사물을 낳는다. 스피노자의 세계에서 모든 사물은 본디 생산력을 지니며 역동성을 갖는다. 이렇게 나는 『에티카』 제1부의 모든 정의, 공리, 정리를 해설했다.

09.

뜻 없는 세계

대중이 자연과 하느님들의 해석자라고 우러러 보는 사람들은, 기적처럼 보이는 일의 진정한 원인을 탐색하며 멍텅구리처럼 자연 사물들에 우러러 놀라지 않고 지성인답게 그것들을 이해하려 애쓰는 이를, 여기저기서 불경한 이단자로 취급하고 그렇게 고발한다. 그들이 이렇게 하는 까닭은 만일 무지가 없어지면 자신들의 권위를 떠받치고 보호하는 유일한 수단인 어리벙벙함도 없어진다는 것을 그들이 알기 때문이다.

스피노자는 『에티카』 제1부에서 사물들의 상호 연관 또는 개념들의 상호 연관으로부터 다음 명제들을 논증했다.

> 세계 · 실체 · 하느님 · 자연은 반드시 현존한다. 하느님은 유일하다. 하느님은 오직 그 됨됨이의 필연성에 따라 현존하고 행위한다. 하느님은 만물의 자유 원인이다. 만물은 하느님 안에 있다. 만물은 하느님 없이 있을 수도 개념화될 수도 없다는 점에서 그에게 의존한다. 하느님은 그의 자유 의지, 재량, 기분이 아니라 그의 됨됨이 및 끝없는 힘에 따라 만물의 작동을 미리 결정한다.

하지만 대부분 사람은 사물들 및 개념들의 상호 연관에 따라 생각하지 못하기에 스피노자의 이들 생각을 받아들이지 못한다.

0901. 바탕 선입견

사람들 사이에 깊고 넓게 뿌리 내린 선입견은 사람의 지성을 가로막는 걸림돌이다. 스피노자는 이들 선입견을 소환하여

"이성의 심문"I부록33에 맡긴다. 그가 보기에 모든 선입견은 단 하나의 선입견에서 비롯된다.

> "내가 여기서 드러내려고 착수하는 모든 선입견은 바로 이 하나에 기댄다. 곧 사람은 모든 자연 사물이 마치 자신처럼 목적의도에 따라 움직인다고 공통으로 가정한다. 참말로 사람은 하느님이 만물이 모종의 목적을 향하도록 그것들을 지도한다고 확신한다. 사람은 하느님이 자신을 위해 만물을 만들었고 하느님 자신을 경배하도록 자신을 만들었다고 말하기 때문이다."I부록34

여기서 "I부록34"는 '『에티카』 제1부 부록 34쪽'을 뜻한다. 이 쪽수는 1677년에 출판된 스피노자의 『유고집』에 매겨진 쪽수다. 스피노자에 따르면 모든 선입견은 사람들이 널리 받아들이는 단 하나의 선입견 "모든 자연 사물이 마치 자신처럼 목적 · 의도 · 뜻에 따라 움직인다"에서 비롯된다. 이를 "바탕 선입견"이라 하겠다.

스피노자는 『에티카』 제1부 부록에서 자신이 하고자 하는 일을 세 가지로 요약한다. 첫째, 왜 많은 사람이 바탕 선입견을 받아들이는지 또한 왜 모든 사람이 그 선입견을 받아들이는 경향을 태어날 때부터 지니는지 그 원인을 파헤친다. 둘째, 그 선입견이 거짓임을 드러낸다. 셋째, 그 선입견으로부터 선과 악, 좋음과 나쁨, 착함과 못됨, 잘남과 못남, 공과 과, 칭찬과 비난, 질서와 혼란 따위에 관한 다른 많은 선입견이 양산됨을 보인다. 스피노자가 보기에 그 선입견을 지니는 원인은 모두가 받아들이는 다음의 '인간 사실' 때문이다.

> "모든 사람은 사물들의 원인을 모른 채 태어나며, 자기에게 쓸모 있는 것을 좇으려는 끌림[충동]을 지니며, 자신이 그런 끌림을 지님을 알아차린다."[같은곳]

내가 "끌림"으로 옮긴 라틴 낱말 "압페티투스"는 번역자에 따라 "충동", "욕망", "열망", "경향", "욕구", "바람" 따위로 달리 번역된다. 이 낱말은 움직씨 "압페토"나 "압페테레"에서 비롯되었다. "압페토"는 '좇다', '애써 이르다', '열망하다', '바라다'를 뜻한다. "압페토"에서 "페토"는 '구하다', '찾다', '겨냥하다', '빌다', '몰아세우다', '공격하다'를 뜻한다.

스피노자에게 "압페티투스"는 '몸과 마음을 가진 개체로서 자기 존재를 지키려는 사람의 애씀'이다. 제3부의 여섯째 정리에 따르면 "모든 사물은, 자기 안에 있는 한, 자기 존재를 지키려고 애쓴다." 여기서 "자기 안에 있는 한"은 "자기 안에 놓이는 한"이나 "저 안에 머무는 한"으로 바꿀 수 있고 아마 '바깥 힘을 받지 않는 한'으로도 이해할 수 있다. "애쓰다"로 옮긴 라틴 낱말은 "코노르"나 "코나투르"다. 이 낱말의 이름씨는 "코나투스"다. 스피노자에게 "코나투스"는 모든 사물이 갖는 자기 보존 노력이다. 나는 "코나투스"를 "애씀"이나 "힘씀"으로 옮긴다. 모든 사물은 애쓰고 힘쓴다. 제3부의 일곱째 정리에 따르면 사물의 애씀은 사물이 가진 본모습의 실행 또는 본모습의 펼침이다. 모든 사물의 애씀·힘씀은 곧 자기 본모습의 펼침·드러냄이다. 사물 A는 사물 B를 일으키는 원인이다. '사물 B를 일으킴'은 사물 A의 본모습 또는 됨됨이를 이룬다. 자기 본모습을 펼치는 일은 다른 사물을 일으키는 일이다. '애씀'은 '다른 사물을 일으키려 애쓰는 일'이다. 스피노자는 사람의 애씀을 특별히 "압페티투스"라 했다.

사람은 자신의 몇몇 '압페티투스'를 알아차리지 못하지만 몇몇 '압페티투스'를 알아차린다. 스피노자는 '알아차린 압페티투스'를 "쿠피디타스"라 했다. 이 낱말은 '바라다'를 뜻하는 "쿠피오"에서 비롯되었다. 스피노자에게 낱말 "압페티투스"와 "쿠피디타스"는 구별되는데 이를 다르게 옮겨야 한다. 몇몇 학자는 "욕구"와 "욕망" 짝으로 옮긴다. 대부분 쓰임새에서 "욕구"와 "욕망"은 둘 다 알아차리는 무엇이다. 곧 사람은 자신의 '욕구'든 '욕망'이든 알아차린다. 이 때문에 나는 "압페티투스"를 이들 낱말 대신에 "끌림", "애탐", "충동", "마려움"으로 옮긴다. 사람은 몇몇 끌림을 알아차리지만 몇몇 끌림을 알아차리지 못한다. "쿠피디타스"는 "바람"욕망으로 옮긴다.

코나투스	애씀 · 힘씀 · 노력	자기 존재를 지킴 또는 본모습을 펼침
압페티투스	끌림 · 애탐 · 충동	몸과 마음을 가진 사람의 애씀
쿠피디타스	바람 · 욕망	사람이 알아차리는 끌림
볼룬타스	뜻 · 의지	마음이 갖는 바람

"볼룬타스"는 마음이 갖는 욕망이며 이는 "뜻"의지으로 옮긴다.

스피노자는 방금 말한 그 '인간 사실'로부터 다음 두 사실이 비롯된다고 본다.

> "첫째, 사람은 자기 뜻의지과 자기 끌림충동을 알아차리지만 그렇게 끌리고 뜻하도록 자신을 배치한 원인을 몰

라 그 원인에 관해 꿈에서조차도 생각하지 못하기 때문에 사람은 자신이 자유롭다고 믿는다. 둘째, 사람은 언제나 목적을 위해 곧 그들이 이끌리는 쓸모 있는 것을 위해 움직인다."[I부록34]

내가 "배치하다"로 옮긴 라틴말은 "디스포노"의 수동태 낱말이다. "디스포노"는 오늘날 영어 낱말에서는 '두다', '놓다', '처분하다', '내키게 하다'를 뜻한다. 셜리는 이를 "결정하다"로 옮겼다. 그에 따르면 "그렇게 끌리고 뜻하도록 사람을 배치한 원인"은 "사람이 그렇게 끌리고 뜻하도록 결정하는 원인"이다. 내가 "이끌리다"로 옮긴 라틴말은 "압페토"다.

스피노자의 주장을 간추리면 다음과 같다. (i) 모든 선입견은 바탕 선입견 "모든 자연 사물은 사람처럼 목적에 따라 움직인다"에서 비롯된다. (ii) 바탕 선입견의 원인은 "모든 사람은 사물들의 원인을 모른 채 태어나며, 자기에게 쓸모 있는 것을 좇으려는 끌림을 지니며, 자신이 그런 끌림을 지님을 알아차린다"는 인간 사실 때문이다. (iii) 인간 사실로부터 두 사실 "사람은 자신이 자유롭다고 믿는다"와 "사람은 언제나 목적을 위해 움직인다"가 비롯된다. (iv) 이들 사실 때문에 사람은 잘못된 '하느님' 개념을 만들어 그를 경배한다. 이로써 (i)이 성립하는데 곧 사람은 “모든 자연 사물은 사람처럼 목적에 따라 움직인다”는 바탕 선입견을 지닌다.

0902. 꾸며낸 하느님

사람은 목적과 이익을 좇아 그것을 얻으려고 움직이기 때문에 그는 주어진 사물이 무슨 목적에 어울리는지 알려고 애쓴다. 그 사물의 목적은 무엇이며 그 사건은 무슨 의도로 일어났는가? 스피노자는 사람의 이 자세를 “사람은 언제나 목적 원인만을 알려 한다”고 표현한다. 목적 원인만을 추구하는 사람의 눈에는 작용 원인 자체가 아예 보이지 않을 테다. 스피노자는 세계 안 사물이 작용 원인에 따라 움직인다고 믿는다. 이 때문에 목표 · 목적 · 의도 · 쓸모의 관점에 사로잡히면 우리는 세계 안 현상을 제대로 설명하지 못한다.

사람은 이미 일어난 사건 또는 이미 주어진 사물의 목적 원인이 무엇인지를 늘 궁금해한다. 그는 작용 원인 따위를 알려 하지 않는다. 이 때문에 그는 다른 사람에게 한 사물의 목적 원인이 무엇 무엇이다는 이야기를 들으면 그것으로 만족한다. 다른 사람이 그 목적 원인이 무엇인지 들려주지 않으면 자기 자신에게 돌아와 비슷한 사물들이 자기한테 무슨 쓸모를 가졌는지 생각한 뒤 이에 따라 사물의 쓸모와 목적을 생각한다.

> "더구나 사람은 자신에게 쓸모 있는 것을 얻는 데 크게 이바지하는 상당히 많은 수단, 이를테면, 보기 위한 눈, 씹기 위한 이, 음식을 위한 동식물, 빛을 위한 해, 물고기를 기르기 위한 바다 따위 수단들을 자기 안에서든 밖에서든 발견한다. 이 때문에 사람은 모든 자연물을 자신에게 쓸모 있는 수단으로 여기게 된다."1부록34

만일 모든 자연물이 사람의 목적에 이바지하는 도구면 누가 그 도구를 마련했는가? 누가 자연물을 그 목적에 맞도록 질서 지었는가?

사람은 자신이 접하는 자연물을 자신이 만들지 않았다. 하지만 사람은 몇몇 음식을 자기 아들딸을 위해 '자유롭게' 마련한다. 사람은 몇몇 선물을 자기 친구를 위해 '자유롭게' 마련한다. 이에 사람은 다음처럼 생각한다. '다른 누군가 그의 자유 의지로 우리 사람의 목적을 이룩하는 데 도움이 되는 도구를 마련했을 테다.'

"사물들을 수단으로 여기게 된 뒤에도 사람은 그 사물들을 자신이 만들었다고 믿을 수는 없었다. 하지만 사람은 자신을 위해 스스로 만들곤 했던 수단들의 존재로부터 다음 결론을 내려야 했다. 사람의 자유를 지닌 자연의 몇몇 통치자 또는 많은 통치자가 있어서 이들이 사람을 위해 만물을 돌보고 사람의 쓸모를 위해 만물을 만든다고."I부록35

내가 "통치자"로 옮긴 라틴 낱말은 "렉토르"다. 사람은 그 통치자를 모르기에 그의 성품 · 기질 · 개성이 사람을 닮았으리라 지레짐작한다.

이렇게 지레짐작한 통치자가 바로 '하느님들'이다.

"사람은 하느님들이 사람과 계약을 맺어 사람에게 최고의 찬양을 받으려고 사람의 쓸모에 알맞게 만물을 이끈다고 주장했다. 이로부터 각 사람은, 하느님이 다른 이들보다 자신을 더 사랑하여 자신의 눈먼 욕망과 끝없는 탐욕을 채우도록 하느님이 전체 자연을 이끌어 주십사 하고, 하느님을 경배하는 여러 가지 방식들을 자신의 기질에 따라 고안하는 일이 벌어졌다."같은곳 내가 "기질"로 옮긴 라틴 낱말은 "인게니움"이다. 말샘에 따라 뜻을 살피면 '타고난 모습'이나 '성품'을 뜻한다. 사람은 자기 기질, 성품, 욕망에 따라 잘못된 '하느님' 개념을 갖고 자신만의 '하느님'을 경배한다. 스피노자가 보기에 잘못된 '하느님' 개념과 그 개념에 바탕을 둔 경배는 "미신으로 바뀌고 사람의 마음 안에 깊이 뿌리내린다."[같은곳] 일단 우리가 "하느님은 사람의 쓸모를 위해 만물을 창조하고 만물을 다스린다"는 미신을 믿으면 우리는 무슨 일에서든 목적 원인을 찾고 그에 따라 모든 사물을 설명하려고 애쓸 테다. 이렇게 그 미신은 "모든 자연 사물은 목적에 따라 움직인다"는 바탕 선입견을 낳는다.

나아가 사람은 자연에는 쓸모없는 일이 없고 사람에게 도움이 안 되는 일이 없음을 보이려 애쓴다. 하지만 아무리 애써도 목적 원인으로 설명되지 않는 현상이 있기 마련이다. 자연에는 사람에게 도움이 안 되는 일이 많은 듯하고 쓸모없는 일이 아주 많은 듯하다. 이는 오히려 "단지 자연과 하느님들이 사람처럼 미쳤음을 보여주는 듯하다."[같은곳]

> "묻건대 일이 어떻게 돌아가는지 보라! 사람은 자연에서 그렇게 많은 유익한 것과 더불어 폭풍, 지진, 질병

따위의 적지 않은 해로운 것을 목격할 수밖에 없었다. 이에 그 해로운 일들이 일어난 까닭은 사람이 하느님들을 거슬렀거나 제사 지낼 때 잘못을 저질러 그들이 화났기 때문이라 주장들 한다. 일상의 경험은 이 주장에 어긋나고 수많은 사례가 보여주듯 유익한 일과 해로운 일이 경건한 이에게나 불경한 이에게나 무차별로 똑같이 벌어지는데도 사람은 자신의 뿌리박힌 선입견을 버리지 않았다. 이 일을 그 쓸모를 모르는 다른 모든 미지의 일들 안에 집어넣어 사람의 타고난 현재 무지 상태를 유지하는 쪽이 전체 구조를 무너뜨리고 새 구조를 고안하는 쪽보다 사람에게는 더 쉬웠다."[I부록35]

내가 "미지의 일들"로 옮긴 라틴 낱말은 "인코그니타"인데 셜리는 이를 "신비로운 일들"로 옮겼다.

방금 인용한 스피노자의 마지막 문장에서 "이 일"이 뜻하는 바는 또렷하지 않다. 그것은 '하느님들이 모종의 까닭으로 화를 내는 일'일 수 있고 '유익한 일과 해로운 일이 경건한 이와 불경한 이에게 차별 없이 벌어지는 일'일 수 있다. 내가 "고안하다"로 옮긴 낱말은 "엑스코기토"고 "구조"로 옮긴 낱말은 "파브리카"다. 엘리엇은 "파브리카"를 "믿음의 짜임"으로 옮겼고 셜리는 "구성된 이론"으로 옮겼다. "엑스코기토"는 '생각을 짜는 일'로 해석할 수 있기에 "파브리카"는 '생각의 짜임'이나 '이론 체계'로 해석할 수 있다. 따라서 그 문장에서 "전체 구조를 무너뜨리고 새 구조를 고안하는 일"은 '기존의 전체 이론 체계를 풀어헤치고 새 이론 체계를 짜는 일'이다. 스피노자가 보기에 보통의 사람은 현상을 설명하는 기존 체계를 아예 해체하고 새로운 체계를 구축하기보다는 설명하기 어려운 현상을 신비의 영역으로 숨기는 버릇을 가졌다. 스피노자는 현상을 설명하는 새로운 체계를 고안하려 했고 그 체계가 바로 그의 『에티카』다.

0903. 목적 이론

지금까지 스피노자는 왜 많은 사람이 "모든 자연 사물은 사람처럼 목적에 따라 움직인다"는 바탕 선입견을 받아들이는지 또한 왜 모든 사람이 본디 그 선입견을 받아들이는 경향을 띠는지 그 원인을 파헤쳤다. 그가 한다고 약속했던 그다음 일은 그 선입견이 거짓임을 드러내는 일이다. 보통의 사람은 기존 체계로 헤아릴 수 없는 현상 앞에서 자기 인식 능력을 낮추고 하느님의 능력을 드높인다. 만일 모든 사람이 자신은 결코 하느님의 일들을 헤아릴 수 없다고 생각했다면 사람은 바탕 선입견에 영원히 사로잡히고 진리는 사람한테 영원히 감추어졌을 테다. 하지만 몇몇 사람은 진리를 찾는 새로운 방법을 얻었다. 그것은 기하학 같은 수학에서 사용하는 연역 방법이다.

스피노자가 보기에 수학 방법에서는 '의도'나 '목적' 따위를 탐구하지 않고 다만 사물의 본모습이나 뜻매김으로부터 사물의 모습을 추론한다. 데카르트는 물질을 퍼짐의 어휘로 기술하는 기하학 방법이 자연을 탐구하는 올바른 길이라 믿었다. 그는 목적 원인을 찾으려 애쓰는 일이 자연 현상을 이해하는 데 거의 도움이 안 된다고 생각했다. 스피노자도 그와 견해를 같이한다. 수학 방법을 포함해 몇몇 학문 방법은 만물이 목적에 따라 움직인다는 선입견을 비판 및 해체하여 사물의 참모습을 알도록 돕는다. 이들 학문 또는 새로운 방법 덕분에 사람은 자신이 선입견을 지녔음을 깨닫고 세계 안에서 벌어지는 사물의 움직임을 제대로 헤아릴 수 있었다. 이제 스피노자는 바탕 선입견 "모든 자연 사물은 사람처럼 목적에 따라 움직인다"가 거짓임을 드러내려 한다. 곧

"자연은 미리 설정된 목적을 갖지 않으며 모든 목적 원

인은 사람의 허구에 지나지 않는다."I부록36

내가 "허구"로 옮긴 라틴 낱말은 "피그멘타"다. 이는 '만들어진 것들', '지어낸 것들', '꾸며낸 것들'을 뜻하며 "공상"이나 "환상"으로도 옮길 수 있다.

정리 I16과 I32 및 여러 정리에서 밝혔듯 모든 자연물은 목적 없이 그냥 영원한 필연성과 최고 완전성으로부터 생성된 결과다. 자연 사물은 목적이나 수단이 아니라 다만 결과일 뿐이다. 하지만 목적의 관점에서 현상을 이해하는 목적 담론은 원인과 결과를 아예 뒤바꾼다.

> "목적 이론은 자연을 완전히 뒤엎는다. 이 이론은 사실상 원인인 것을 결과로 여기며 거꾸로 결과를 원인으로 여긴다. 또한 이 이론은 그 됨됨이에서 앞선 것을 뒤선 것으로 여긴다. 끝으로 이 이론은 가장 완전한 최고 존재를 가장 불완전한 존재로 만든다. 〔…〕 하느님한테 곧바로 나온 결과는 가장 완전하지만, 나오는 데 필요한 매개 원인이 많은 사물일수록 더 불완전하다. 하지만 만일 하느님한테 곧바로 나온 사물이 그의 목적을 이루려고 만들어졌다면 앞선 사물들은 마지막 사

물들을 위해 만들어졌고 마지막 사물들은 무엇보다 가장 뛰어날 테다. 그렇다면 목적 이론은 하느님의 완전성을 저버린다. 왜냐하면 만일 하느님이 목적 때문에 행위한다면 반드시 그는 자신에게 모자란 것에 애타야 하기 때문이다."I부록36

"이론"으로 옮긴 라틴 낱말은 "독트리나"며 '가르침'이나 '학설'을 뜻한다. 마지막 문장에서 "애타다"에 해당하는 라틴 낱말은 "압페토"다.

만일 하느님이 B를 이루려는 목적으로 A를 만들었다면 A는 B를 이루는 수단에 지나지 않는다. 목적 이론에 따르면 목적 B 때문에 수단 A가 생성되었다. 이는 목적 B가 원인이며 수단 A가 결과임을 뜻한다. 이 점에서 사물 B를 '목적 원인'이라 한다. 스피노자가 보기에 사물 A는 원인이고 사물 B는 결과이기에 목적 이론은 원인과 결과를 뒤바꾼다. 또한 목적 이론에 따르면 사물 A는 사물 B를 이룩하는 수단이기에 사물 A보다 사물 B가 더 완전하다. 만일 사물 B가 사물 C를 이룩하는 수단이면 목적으로서 사물 C는 수단으로서 사물 B보다 더 완전하다. 이 생각을 끝까지 밀고 나가면 뒤에 있는 사물일수록 그 사물은 더 완전하며 마지막 사물이 가장 완전하다. 하지만 스피노자가 보기에 모든 사물의 처음으로서 하느님이 오히려 가장 완전하다. 이처럼 목적 이론은 전체 자연의 질서를 완전히 거꾸로 뒤집고 뒤엎는다. 목적 이론은 하느님의 완전성 자체를 부정한다. 무엇보다 만일 하느님이 목적을 갖는다면 그는 그 목적을 이루려 할 테고 이는 그가 채워야 할 결여 · 부족 · 공백이 있음을 뜻한다.

스피노자 당시 신학자나 형이상학자는 '필요의 목적'과 '동화의 목적'을 구분함으로써 하느님의 목적을 설명했다. 필요의 목적은 자신에게 모자란 부분이 있어 그것을 채우려는 목적 또는 의도다. 목마른 사람에게 물을 먹는 일 또는 물은 필요의 목적이다. 하느님은 필요의 목적을 갖지 않는다. 하느님은 다만 동화의 목적을 갖는다. 동화의 목적은 다른 사물이 자신과 닮기를 의도하는 목적이다. 몇몇 신학자에 따르면 하느님은 사람에게 모자란 부분을 채우려고 사람이 자신과 닮기를 의도한다. 물론 스피노자는 하느님이 동화의 목적을 갖는다고 생각하지 않는다. 다만 동화의 목적을 이야기하는 학자들조차도 하느님은 오직 자신을 위해 행위한다는 사실을 받아들인다는 점을 지적한다. 하지만 하느님이 동화의 목적을 갖는다면 자신과 닮아야 할 다른 사물이 있어야 한다. 이 경우 하느님은 자신과 닮아야 할 다른 사물의 결여를 느끼고 그것의 생성을 애타게 바라야 한다. 이는 하느님이 완전하지 않음을 뜻한다.

0904. 무지의 피난처

학자들이 자주 쓰는 논증 방법은 이른바 '배리법' 또는 '귀류법'이다. 이는 우리가 주장 X를 받아들이면 오류에 이르거나[귀류] 이치에 어긋나기[배리] 때문에 우리는 주장 X를 받아들이지 말아야 한다는 식으로 논증한다. 또는 우리가 주장 X를 받아들이지 않으면 오류에 이르거나 이치에 어긋나기 때문에 우리는 주장 X를 받아들여야 한다는 식으로 논증한다. 보기를 들어 다음 논증은 귀류법이다.

> 만일 우리가 "둥근 네모가 있다"를 받아들이면 "둥글지만 둥글지 않은 것이 있다"를 받아들여야 한다. 왜냐하면 네모는 둥글지 않기 때문이다. "둥글지만 둥글지 않은 것이 있다"는 이치에 어긋나며 오류다. 따라서 우리는 "둥근 네모가 있다"를 받아들이지 말아야 한다.

"귀류법"에서 "귀"는 '이르다', '되돌리다', '돌아오다'를 뜻하는데 동아시아 학자들은 때때로 매우 어려운 표현 "환원하다"를 쓴다. "귀류법"은 '불가능으로 환원', '불합리로 환원', '모순으로 환원' 방법이다.

나는 "귀류법"을 "모순에 이름"이라 하겠다. 이 방법으로 Z를 증명하는 방법은 다음과 같다. 그 방법을 쓰는 이들은 먼저 만일 우리가 Z가 거짓이라 가정하면 우리가 모순에 이른다는 점을 보인다. 우리가 모순에 이르면 그다음 그들은 우리에게 "Z가 거짓이라 가정해서는 안 된다" 또는 "Z는 참이다"고 말한다. 이처럼 '모순에 이름'을 쓰는 사람은 자신의 견해에 반대하는 이가 모순에 이른다는 점을 보임으로써 자신의 견해를 증명한다. 이 방법은 올바른 증명 방법이다. 하지만 목적 이론을 정당화하려는 이들은 이 방법을 쓰지 않고 다른 방법을 쓴다. 스피노자는 그들이 이른바 '무지로 환원' 또는 '모름에 이름'을 쓴다고 비판한다.

> "사물에 목적을 주는 일에서 자신의 재주를 뽐내고 싶었던 목적 이론의 추종자들은 이 이론을 증명하려고 '모순에 이름'이 아니라 '모름에 이름'이라는 새로운 논증 방식을 가져왔다. 이는 이 이론을 논증할 다른 방

> 법이 없음을 보여준다."[I부록36]

"재주"로 옮긴 라틴 낱말은 "인게니움"인데 '성품'이나 '기질'을 뜻하기도 한다. 내가 "모순"으로 옮긴 라틴 낱말은 "임포시빌리스"다. 이를 "불가능"으로 옮겨야 마땅하다. 하지만 논리 차원에서 "불가능"은 '모순'을 뜻한다.

'모름에 이름'을 쓰는 사람은 자신의 견해에 반대하는 이가 모름에 이른다는 점을 보임으로써 자신의 견해를 증명한다. '모름에 이름'은 다음 방식으로 진행되는데 아래에서 "그들"은 이 방법을 쓰는 사람이고 "우리"는 그들의 견해에 반대한다.

> 그들은 "하느님이 뜻이 아니면 무엇 때문에 Z가 일어났는가"를 묻는다. 우리는 "Y 때문에 Z가 일어났다"고 답한다. 그들은 '무엇 때문에 Y가 일어났는가'를 묻는다. 우리는 "X 때문에 Y가 일어났다"고 답한다. 그들이 거듭 묻고 우리는 "A 때문에 B가 일어났다"고 답한다. 하지만 우리는 무엇 때문에 A가 일어났는지 모른다. 마침내 우리가 모름에 이르면 그들은 "하느님의 뜻을 이룩할 목적으로 Z가 일어났다"고 결론 내린다.

A가 일어났고, B가 일어났고, C 등등이 일어났고, 마침내 Z가 일어났다. 하지만 우리는 A가 무엇 때문에 일어났는지 모른다. '모름에 이름' 방법에 따르면 하느님의 뜻을 이룩할 목적으로 A가 일어났다. 따라서 "무엇 때문에 Z가 일어났는가?"에 대한 그들의 답변은 "하느님의 뜻을 이룩할 목적으로 Z가 일어났다"다.

스피노자는 '모름에 이름' 방법을 다음처럼 예시한다.

> "보기를 들어 만일 돌이 지붕에서 사람 머리에 떨어져 그가 죽었다면 이 논증 방식은 그 돌이 그 사람을 죽이려는 목적으로 떨어졌음을 밝히려 할 테다. 흔히들 많은 주위 사정들이 동시에 겹쳐 일어나는데, 만일 그 돌이 하느님의 뜻에 따라 그 목적으로 떨어지지 않았다면 어떻게 그렇게 많은 주위 사정들이 우연히 겹쳐 일어날 수 있었겠는가? 아마 당신은 바람이 불었고 그 사람이 그곳을 지나고 있었기 때문에 그런 일이 일어났다고 대꾸할 테다. 하지만 그들은 왜 바람이 바로 그때 불었으며 왜 그 사람이 바로 그때 그곳을 지나고 있었냐고 따질 테다. 만일 한동안 기상이 고요했지만 그 안날에 바다가 일렁이기 시작했기 때문에 바람이 바로

그때 일었고, 그 사람이 벗의 초대를 받았었기 [때문에 그 사람이 바로 그때 그곳을 지나고 있었다고] 당신이 응수한다면, 묻는 일에는 끝이 없기에, 그들은 왜 바다가 일렁였으며 왜 그 사람이 바로 그때 오도록 초대를 받았었냐고 또다시 따질 테다. 당신이 무지의 피난처 곧 하느님의 뜻으로 도망칠 때까지 그들은 원인의 원인을 끊임없이 묻고 또 물을 테다."[I부록37]

방금 인용한 첫 문장에서 "그가 죽었다면"은 원문과 다르다. 본디 "돌이 그를 죽였다면"으로 옮겨야 하지만 맥락에 맞게 바꾸었다. 내가 "주위 사정"으로 옮긴 라틴 낱말은 "키르쿰스탄티아"인데 이는 영어의 "서컴스탠스"circumstance에 해당한다.

내가 "피난처"로 옮긴 라틴 낱말은 "아쉴룸"이다. 이는 그리스말 "아쉴론"에서 '붙잡히지 않음', '불체포', '불가침'을 뜻한다. 이는 '도피처', '망명지', '보호소', '치외법권', '성역', '성소' 따위를 뜻하기도 한다. 구약성서 민수기 35장 11절부터 15절까지 다음 구절이 나온다.

너희는 몇 도시를 골라서 도피성피신도시으로 삼아야 한

> 다. 그리하여 실수로 살인한 사람은 그리로 달아날 수 있게 해야 한다. 너희는 그런 도시가 그들에게 앙갚음하려는 사람으로부터 피할 수 있는 곳이 되게 해야 한다. 그리하여 살인한 사람이 무리 앞에 서서 재판을 받을 때까지는 목숨을 잃지 않게 해야 한다. [⋯] 이 여섯 곳의 도시는 이스라엘 사람들뿐만 아니라 그들 가운데서 나그네나 더부살이로 머무는 사람들에게도 도피성이 될 테다. 실수로 사람을 쳐 죽인 사람이면 누구든 그리로 달아날 수 있다.

이는 대한성서공회의 『새한글성경』에서 가져왔다. 신명기 19장 5절에서는 "이를테면 이웃과 함께 숲으로 나무하러 가서 장작을 마련하려고 손으로 도끼를 휘둘렀다고 합시다. 그런데 도끼날이 자루에서 빠져 이웃을 맞혀 그 이웃이 죽었다고 합시다. 이런 경우에 그는 이 도시들 가운데 한 곳으로 달아나서 목숨을 건질 수 있습니다." 이들 구절에 나오는 "도피성" 또는 "피신도시"를 라틴말로 옮길 때 흔히 쓰는 낱말이 "아쉴룸"이다. 목적 이론가는 다음처럼 주장한다. 한 사건이 일어났다면 그 사건은 하느님의 뜻을 이루려는 목적으로 일어났다. 곧 모든 일은 하느님의 뜻, 의지, 의도, 목적을 이루려고 일어난다. 하느님의 뜻은 무엇인가? 그것은 우리가 모를 때 발뺌하는 도피처, 피난처, 망명지, 성역, 성소다.

스피노자가 보기에 '모름에 이름' 방법은 너무 게으른 탐구 양식이다. 이 방법은 지성계에 잘못된 권위를 낳는다. 아래에서 "그들"은 '모름에 이름'의 방법을 사용하는 사람들이다.

> "이와 비슷하게 그들은 사람 몸의 만듦새를 보고 어안이 벙벙해진다. 그들은 이 위대한 기술 작품의 원인을 모르기에 이것이 기계 기술이 아니라 하느님의 기술이나 초자연 기술로 만들어졌으며 부분들이 서로를 해치지 않는 방식으로 조립되었다고 결론 내린다. 이 때문에 대중이 자연과 하느님들의 해석자라고 우러러보는 사람들은, 기적〔처럼 보이는 일〕의 진정한 원인을 탐색하며 멍텅구리처럼 자연 사물들에 우러러 놀라지 않고 지성인답게 그것들을 이해하려 애쓰는 이를, 여기저기서 불경한 이단자로 취급하고 그렇게 고발한다. 그들이 이렇게 하는 까닭은 만일 무지가 없어지면 자신들의 권위를 떠받치고 보호하는 유일한 수단인 어리벙벙함도 없어진다는 것을 그들이 알기 때문이다."I부록37

내가 "만듦새"로 옮긴 낱말은 "파브리카"고, "만들다"는 "파브리코"며, "조립되다"는 "콘스티투오"다. "대중"으로 옮긴 낱말은 "불구스"고, "우러러보다"는 "아도로"며, "우러러 놀라다"경탄하다는 "아드미로르"다.

"어안이 벙벙해진다"로 옮긴 움직씨 낱말은 "스투페스코"다. "어리벙벙함"은 "스투포르"고 "멍텅구리처럼"은 "스톨투스"다. 이들 낱말은 '어리둥절하다'나 '얼떨떨하다'를 뜻하는 "스투페오"에서 왔다. '어리석은', '멍청한', '멍텅구리 같은', '머저리 같은'을 뜻하는 영어의 "스투핏"stupid은 여기서 비롯되었다. 이들 낱말의 말샘은 아마도 '얼빠지다', '기절하다', '멍해지다'다. 우리말에서 "멍하다"는 '얼이 빠져 자극에 반응하지 않는다'를 뜻한다. "머저리"는 '생각이 멎다'나 '생각이 멈추다'의 뜻에서 왔으리라 짐작된다. 스피노자에 따르면 당대의 신학자 및 형이상학자는 모름과 어리벙벙함에 바탕을 두고 종교·문화·학술 권력을 유지한다. 그들은 잘못된 권위 위에서 세계를 제대로 헤아리려는 진정한 철학자 및 과학자를 오히려 '불경한 이단자'라 힐난한다. 그들이 그렇게 힐난하고 고발하는 까닭은 만일 역학 과정 또는 기계 과정에 따라 자연 사물이 생성되었음이 알려진다면 모름과 어리벙벙함에 바탕을 둔 종교·문화·학술 권력 자체가 무너지기 때문이다.

0905. 선악의 탄생

스피노자가 하겠다고 예고한 셋째 과제는 바탕 선입견으로부터 선과 악, 좋음과 나쁨, 착함과 못됨, 잘남과 못남, 공과 과, 칭찬과 비난, 질서와 혼란 따위에 관한 다른 많은 선입견이 양산됨을 보이는 일이었다. 만일 하느님이 사람을 위해 또는 사람의 쓸모에 따라 만물을 만들었고, 무슨 사물이든 그것이 목적을 갖고, 모든 일이 하느님의 뜻 · 의도 · 목적에 따라 움직인다고 사람이 믿는다면 사람은 자신의 쓸모에 따라 사물들을 저울질할 테다. 스피노자에 따르면 사람의 바로 이 저울질로부터 좋음과 나쁨, 착함과 못됨, 잘남과 못남 따위가 비롯된다.

> "사람은 일어나는 모든 일이 사람을 위해 일어난다고 스스로 납득한 뒤, 모든 일에서 가장 중요한 일은 자신에게 가장 쓸모 있는 일이라 판단하고, 사람한테 최적의 결과를 낳는 일에 가장 높은 값어치를 주어야 했다. 그래서 사람은 사물들의 됨됨이들을 설명하려고 스스

로 ‘좋음’과 ‘나쁨’, ‘질서’와 ‘혼란’, ‘따뜻함’과 ‘차가움’, ‘잘남’과 ‘못남’ 개념들을 형성해야 했다. 또한 사람은 자신이 자유롭다고 생각하기에 ‘칭찬’과 ‘비난’, ‘공’과 ‘과’ 개념들이 생겼다.”[I부록37]

“사람한테 최적의 결과를 낳는 일”은 ‘사람한테 가장 이로운 영향을 끼치는 일’, ‘사람한테 가장 즐거운 효과를 주는 일’, ‘사람을 가장 흐뭇하게 하는 일’ 따위를 뜻한다. 이 가치 평가에 따라 사람은 “건강에 이바지하고 하느님을 예배하는 데 이바지하는 모든 일”[같은곳]을 ‘좋은 일’로 여긴다. 반면 건강이나 예배에 이바지하지 못하는 일은 ‘나쁜 일’로 여긴다. 좋은 일에 ‘하느님을 예배하는 데 이바지하는 일’이 들어가는 까닭은 예배를 잘해야 하느님이 자신에게 더 많은 즐거움을 준다고 믿었기 때문이다.

사람은 상상에 따라 사물을 그리기 때문에 세계의 한 부분은 질서 잡히고 다른 부분은 무질서하다고 착각한다.

“사물의 됨됨이를 헤아리지 않고 다만 사물을 그리는[상상하는] 이들은 사물에 관해 아무것도 또렷이 말하지 않고 그리기[상상]를 헤아림[지성]으로 착각한다. 이 때문에 그

> 들은 사물에 관해서든 그 됨됨이에 관해서든 아무것도 모르지만 사물들 안에 질서가 있다고 확신한다. 만일 사물들이 감각기관을 통해 우리 앞에 재현될 때 우리가 그것들을 쉽게 그릴 수 있어서 그것들을 쉽게 떠올릴 수 있도록 그 사물들이 배치되면[널리면] 우리는 그 사물들이 '잘 질서 잡힘' 또는 '질서 잡힘'이라 말한다. 하지만 사물들이 그렇게 배치되지 않으면 우리는 그 사물들이 '나쁘게 질서 잡힘' 또는 '혼란스러움'이라 말한다. 우리가 쉽게 그릴 수 있는 사물은 우리를 유달리 흐뭇하게 하므로, 질서가 우리의 그리기와 무관하게 자연 안에 있는 무엇인 양, 우리는 혼란보다 질서를 더 좋아한다."[I부록37-38]

"또렷이 말하다"에 해당하는 라틴 낱말은 "아피르모"인데 흔히들 "긍정하다"나 "확언하다"로 옮긴다. "배치하다"는 "디스포노"를 옮겼다. "디스포노"를 "정렬하다"나 "가지런하게 놓다"로 옮기지 않은 까닭은 '정렬됨'이나 '가지런함' 자체를 충분히 '질서 잡힘'으로 이해할 수 있기 때문이다.

"재현되다"나 "표상되다"는 '사물이 다시 나타나다'를 뜻한다. 사물이 우리 앞에 다시 나타날 때 나타나는 것은 사물 자체가 아니라 사물의 이미지 또는 사물의 그림이다. 스피노자에게 '그림'이미지은 '우리 몸 또는 마음 바깥에 있는 사물이 우리 몸 및 감각기관에 힘을 미친 나머지 우리 두뇌 안에 생긴 물리 자국 또는 흔적'이다. 이 자국은 퍼짐 측면의 모습이지만 이 자국을 생각 측면의 모습으로도 볼 수 있다. 생각 측면의 모습으로 볼 때는 그 모습은 '그 자국의 관념'이다. 물론 스피노자에게 그 자국과 그 관념은 같은 사물이다. 한 사물의 그림이미지이 그 다른 측면 곧 그 그림의 관념으로 우리 앞에 나타날 때 그 사물은 우리 앞에 다시 나타나는 셈이다. 사물의 영향으로 생긴 그 사물의 그림으로부터 그 그림의 관념이 드러나는 인지 기능을 라틴 낱말로 "이마지나티오"라 한다. 이는 "그리기", "상상", "상상력", "상상작용"으로 옮길 수 있다. 경험, 감각, 기억, 연상, 짐작, 귀납 따위는 모두 그리기 작용에 해당한다. '그리기'는 생각의 모습이며 '그림'은 퍼짐의 모습이다.

하느님이 만물을 질서 있게 창조했다고 말하는 일은 저도 모르게 하느님이 사람처럼 사물을 그리며 그도 상상력을 갖는다고 말하는 일이다. 이것이 아니면 하느님이 사람의 그림 그리기를 내다보고 사람이 사물들을 되도록 쉽게 그리도록 그것들을 여기저기 배치했다고 말하는 셈이다. 하지만 스피노자에 따르면 하느님은 상상하지 않으며 사물을 그리지 않는다. 사람들이 가진 개념들은 대체로 "그리기가 여러 가지 모습으로 바뀌는 그리기의 모습일 뿐이다"[I부록38] 또는 "상상력이 여러 가지 양식으로 영향받는 상상하기의 양태일 뿐이다." 내가 "바뀌다"로 옮긴 라틴 낱말은 "아피키오"인데 이는 '영향을 끼치다', '결과를 내다', '겪게 하다'를 뜻한다.

무지한 이들은 그리기의 모습을 "사물의 돋보이는 속 모습"[같은곳] 또는 "사물의 으뜸 모습"으로 여긴다. 그들이 그렇게 착각하는 이유는

> "그들은 모든 것이 자기를 위해 만들어졌다고 믿으며 한 사물이 그들 자신을 어떻게 바꾸느냐에 따라 그 사물의 됨됨이가 '좋다'거나 '나쁘다'고 일컫고 '싱싱하다'거나 '곪았다' 또는 '썩었다'고 일컫기 때문이다. 보기를 들어 만일 눈을 거쳐 재현될 대상으로부터 신경이 받는 운동이 그들 건강[잘삶]을 돕는다면, 그 운동을 일으키는 그 대상은 '아름답다'고 일컬어지며 반대 운동을 일으키는 대상은 '못났다'고 일컬어진다. [···] 귀에 운동을 낳는 것은 '시끄러움', '울림', '어울림'[화음]을 낸다고 일컬어진다. 이는 하느님도 화음을 흐뭇해한다고

믿을 만큼 사람을 홀렸다. 더욱이 천체의 운동이 화음을 낸다고 저 스스로 믿는 철학자도 있다. 이 모든 일은 각 사람이 자기 두뇌 성향에 따라 사물을 판단하며 또는 오히려 자기 그리기의 바뀜을 사물로 잘못 생각한다는 점을 충분히 보여준다."I부록38

"성향"으로 옮긴 라틴 낱말은 "디스포시티오"인데 "배치"로 옮길 수도 있다. 사람은 사물의 됨됨이에 따라 사물을 가늠하지 않고 자기 몸의 기질과 성향에 따라 사물을 가늠한다. "그리기의 바뀜"은 "상상의 변용"으로 어렵게 표현할 수 있는데 이는 '상상력이 영향받는 방식'을 뜻한다. 사람은 자신이 사물 그 자체를 올바로 평가한다고 착각하고 자신의 판단이 자신의 상상 방식 또는 그리기 방식임을 깨닫지 못한다.

사람들 사이에서 회의주의와 상대주의가 생기는 까닭도 여기서 비롯된다.

"사람 몸들은 많은 점에서 서로 같지만 아주 많은 점에서 여전히 서로 다르므로 한 사람에게 좋아 보이는 것이 다른 이에게 나빠 보이고, 한 사람에게 질서로 보이는 것이 다른 이에게 혼란으로 보이며, 한 사람을 흐뭇하게 하는 것이 다른 이를 언짢게 한다. [⋯] '머릿수만큼 의견이 있다', '누구나 자기 견해를 흡족히 여긴다', '사람 혓바닥이 다른 만큼 그들 머릿속도 다르다' 따위 문구들은 사람이 자기 두뇌 성향에 따라 사물을 판단하며 그가 사물을 이해하기보다 상상한다는 점을 충분히 보여준다. [⋯] 따라서 우리는 대중이 평소 자연을 설명하는 데 쓰는 모든 개념이 다만 상상하기의 모습일 뿐이고 이들 개념이 가리키는 바는 사물의 됨됨이가 아니라 단지 상상력의 구성일 뿐임을 본다."I부록39

마지막 문장에서 "구성"은 라틴 낱말 "콘스티투티오"를 옮겼다. 이는 '기질', '체질', '성미', '성향' 따위로 이해할 수 있다. 스피노자에 따르면 그리기나 상상이 관계하는 사물은 '이성 품목'이라기보다 '상상 품목'이다. 이성 품목은 현존하는 사물은 아니지만 현존하는 사물을 이해하는 데 필요한 개념이다. 반면 상상 품목이나 표상 품목은 사물을 이해하는 데 필요하지 않은 개념이다.

스피노자는 『에티카』 제1부를 마치면서 독자들이 물을 몇 가지 물음을 제시하고 이에 답한다. 그 첫째 물음은 "만일 하느님이 가진 가장 완전한 됨됨이의 필연성으로부터 만물이 뒤따랐다면 자연 안에 그 많은 불완전한 것들은 어디에서 나왔는가?"[1부록39]다. 온갖 악취, 부패, 혐오, 혼란, 범죄, 흉악의 원천은 어디인가? 이에 스피노자는 이렇게 답한다.

> "사물의 완전성은 오직 그 사물의 됨됨이와 힘에 따라서만 가늠되어야 하기에 사물이 사람의 감각을 흐뭇하게 하거나 언짢게 한다는 이유에서 또는 사물이 사람의 됨됨이에 어울리거나 거슬린다는 이유에서 그 사물이 더 완전하거나 덜 완전하지는 않다."[같은곳]

이 인용문에 쓰인 "힘"은 "포텐티아"다. 스피노자에 따르면 악취, 부패, 혐오, 혼란, 범죄, 흉악은 상상의 산물이다. 이성에 따라 헤아린다면 자연 안에서 또는 사물 자체에서 악취, 부패, 혐오, 혼란, 범죄, 흉악 따위를 찾아볼 수 없다. 스피노자는 상상이 없다면 나쁨, 못됨, 못남도 없다고 말한다. 그는 사물을 그리지 말고 사물을 헤아리라고 말한다.

그다음에 누군가 "왜 하느님은 모든 사람이 오직 이성의 인도에 따라서만 다스려지도록 창조하지 않았느냐?"[같은곳]고 물을 테다. 이에 스피노자는 라이프니츠와 비슷하게 하느님은 최고 완전성부터 최저 완전성까지 모든 것을 만들 자원을 갖는다고 답변한다. 스피노자다운 답변은 "하느님의 자연 법칙은 무한 지성이 개념화할 수 있는 모든 사물을 낼 만큼 충분히 풍부하다"같은곳다. 또는 자연법칙은 무한 지성이 개념화할 수 있는 모든 사물을 포괄한다. 사람이 상상으로 사물들을 그리는 일조차도 하느님의 자연법칙에 따라 반드시 일어날 일이었다. 스피노자는 상상이 없다면 죄악도 없고 예속도 없다고 말한다. 우리는 그에게 물을 수 있다. 우리의 상상조차도 하느님의 자연법칙에 따라 반드시 일어날 일이었다면 상상으로 빚어지는 억눌림과 예속으로부터 내가 굳이 벗어나야 할 까닭이 있는가? 이는 스피노자의 『에티카』가 답해야 할 궁극 물음이다. 참말이지 스피노자의 말처럼 사람은 자유롭지 않은가? 하지만 자유가 애초에 아예 없었다면 예속도 없고 해방도 없다.

0906. 삶의 뜻

스피노자는 "하느님 · 자연 · 세계는 생각한다"와 "하느님 · 자연 · 세계에 목적 · 의도 · 뜻 · 의미는 없다"를 모두 믿는다. 오늘날 많은 사람은 자연 사물에 목적 · 의도 · 뜻 · 의미가 없다는 스피노자의 주장을 널리 받아들인다. 현대 심리철학 및 언어철학 관점에서 볼 때 세계에 목적 · 의도 · 뜻 · 의미가 아예 없다면 세계는 생각하지 않는다. 오늘날 대부분 학자는 "세계는 생각한다"를 믿지 않는다. 세계가 생각하지 않는다면 '생각하는 실체'로서 하느님이 현존한다고 믿을 까닭이 없다.

목적 · 의도 · 뜻 · 의미를 갖지 않는 사물은 생각하지 않는 사물이며 그냥 물질 사물에 지나지 않는다. 자연을 '목적 · 의도 · 뜻 · 의미가 없는 사물'로 이해한다면 이 자연은 자연과학이 탐구하는 물리 세계에 해당한다. 탐구 대상을 사람의 쓸모를 위해 마련된 사물로 여기는 일은 물리 세계를 탐구하는 올바른 자세가 아니다. 따라서 자연 사물에 목적 · 의도 · 뜻 · 의미가 없다는 스피노자의 비판은 물리 세계를 탐구하는 올바른 방법을 세우는 데 크게 이바지한다.

하느님 · 자연 · 세계가 뜻을 갖지 않는다고 말함으로써 스피노자는 무엇을 잃는가? 그는 그냥 하느님한테서 뜻을 빼앗는 데서 그치지 않는다. 그는 사람한테서도 뜻을 빼앗는다. 그는 사람의 믿음과 바람을 지성의 영역이 아니라 상상의 영역으로 몰아낸다. 목적 · 의도 · 뜻 · 의미에 바탕을 둔 모든 탐구를 이성을 벗어난 탐구, 사이비 과학, 초자연 담론, 선입견, 미신으로 만든다. 스피노자는 사람 · 사회 · 정치

담론을 이성에 바탕을 둔 담론으로 만들려면 그 담론에서 목적 · 의도 · 뜻 · 의미를 없애야 한다고 말한다. 이는 그 담론을 자연과학 담론으로 만드는 일이다. 이는 뜻을 다루는 인문사회과학을 비과학화하는 일이며 자연과학만이 유일한 과학임을 선언하는 일이다.

우리는 자연 사물에 목적이 없고 의도가 없음을 받아들일 수 있다. 하지만 사람 삶에서도 목적 · 의도 · 뜻 · 의미를 지운다면 사람한테 남는 일은 알갱이들이 모이고, 드나들고, 흩어지는 일밖에 없다. 몇몇 철학자는 그것이 사람 삶의 모든 것이라 말한다. 그들은 삶에 아무 목적도 아무 의미도 아무 뜻도 없다고 말한다. 하지만 우리는 그 말이 옳다고 생각하지 않는다. 왜 그 말은 거짓인가? 사람은 말한다. 사람은 믿는다. 사람은 바란다. 사람은 생각한다. 이는 철학에서 여전히 으뜸가는 진실이다. 사람이 말하고, 믿고, 바라고, 생각한다면 사람은 뜻을 갖는다. 뜻을 갖지 않은 채 말하고 믿고 바라고 생각하는 이는 없다.

『에티카』 제1부의 스피노자는 아직 말, 믿음, 바람, 생각을 충분히 성찰하지 못했다. 그는 목적 · 의도 · 뜻 · 의미 없이도 생각 현상 및 관념 작용을 설명할 수 있다고 가정했다. 세계 안에서 목적 · 의도 · 뜻 · 의미를 아예 없애는 이론 체계는 세계에서 일어나는 모든 현상을 포괄하지 못하며 무엇보다 사람 삶을 충분히 설명하지 못한다. 사람은 물리 힘이 미치는 대로 움직이지 않고 나름의 목적을 갖고 움직인다. 사람이 내뱉는 말에는 뜻이 담기고 그의 몸 움직임에는 뜻이 담긴다. 사람 삶은 뜻이 담긴 움직임들의 꾸러미다. 『에티카』 제2부의 스피노자는 목적 · 의도 · 뜻 · 의미에 따라 사는 사람의 삶을 잘 헤아릴 수 있을까?

참고문헌

『에티카』 국역 및 영역본

- 강영계 옮김, 『에티카』, 서광사 2007.
- 조현진 옮김, 『에티카』, 책세상 2006.
- J. Bennett 옮김, *Ethics Demonstrated in Geometrical Order*, at earlymoderntexts.com
- E. Curley 옮김, *The Collected Works of Spinoza Volume 1*, Princeton University Press 1985.
- G. Eliot 옮김, *Spinoza's Ethics*, edited by C. Carlisle, Princeton University Press 2020.
- G. Parkinson 옮김, *Ethics*, Oxford University Press 2000.
- S. Shirley 옮김, *Spinoza: Complete Works*, Hackett 2002.
- M. Silverthorne & M. Kisner 옮김, *Ethics: Proved in Geometrical Order*, Cambridge University Press 2018.

해설서 및 논문

- 김은주 2024, 『스피노자의 형이상학: 역량과 합리성』, 민음사.
- 이근세 2023, 『스피노자, 욕망의 기하학』, 아카넷.
- 진태원 2022, 『스피노자 윤리학 수업』, 그린비.
- J. T. Cook 2007, 김익현 옮김, 『스피노자의 에티카 입문』, 서광사 2016.
- E. Curley 1988, *Behind the Geometrical Method: A Reading of Spinoza's Ethics*, Princeton University Press.
- M. Della Rocca 2008, *Spinoza*, Routledge.
- M. Della Rocca 2018, ed. *The Oxford Handbook of Spinoza*, Oxford University Press.
- D. Garrettby 2018, *Nature and Necessity in Spinoza's Philosophy*, Oxford University Press.
- R. Krut-Landau 2021, "Spinoza's Metaphysics of Time", in Y. Melamed 2021: 144-157.
- M. Lin 2019, *Being and Reason: An Essay on Spinoza's Metaphysics*, Oxford University Press.
- Y. Melamed 2013, *Spinoza's Metaphysics: Substance and Thought*, Oxford University Press.
- Y. Melamed 2021, ed. *A Companion to Spinoza*, John Wiley & Sons.
- P. Moreau 2003, 김은주 김문수 옮김, 『스피노자 매뉴얼』, 에디토리얼 2019.
- S. Nadler 2006, 이혁주 옮김, 『에티카를 읽는다』, 그린비 2013.
- S. Newlands 2023, "Spinoza's Modal Metaphysics", *Stanford Encyclopedia of Philosophy*, at plato.stanford.edu
- N. Shein 2023, "Spinoza's Theory of Attributes", *Stanford Encyclopedia of Philosophy*, at plato.stanford.edu
- B. Spinoza 1925, 이근세 옮김, 『스피노자 서간집』, 아카넷 2018.

글쓴이 김명석은

물리학과 수학과 철학을 공부했습니다. 철학박사를 받은 다음 경북대 기초과학연구소 연구초빙교수, 대통령 직속 중앙인사위원회 PSAT 전문관, 국민대학교 교수로 연구하고 일하고 가르쳤습니다. 현재 학아재 학장이며 이화여자대학교 연구교수입니다. 「심적 차이는 역사적 차이」, 「인식론에서 타자의 중요성」, 「존재에서 사유까지: 타자, 광장, 신체, 역사」, "Ontological Interpretation with Contextualism of Accidentals", 「자연의 원리: 측정과 자연현상」, 「나, 지금, 여기의 믿음직함」 등 40여 편의 학술 논문을 썼습니다. 쓴 책으로는 『두뇌보완계획 100』, 『두뇌보완계획 200』, 『과학 방법』, 『엔트로피』, 『확률: 믿음과 우연』, 『정보: 코드와 비트』, 『플라톤의 소피스트』, 『예수 텍스트』 따위가 있습니다. 후기분석철학의 인식론과 언어철학, 언어와 사고의 기원, 의미의 형이상학, 뜻 믿음 바람 행위의 종합이론, 학문의 우리말 토착화, 양자역학의 존재론 해석, 측정과 물리 현상, 해석과 마음 현상, 믿음의 철학 따위를 주로 공부합니다.

myeongseok@gmail.com

함께 읽은 유영훈은

서강대 경영학과를 졸업하고 은행원으로 직장생활을 시작하여 무난한 일상을 보냈지만 진정으로 나답게 살아가는 길을 줄곧 고민하다가 직장을 그만두고 연구공동체 학아재에 몸담습니다. 대학원에 진학하여 성균관대에서 유학, 서울대에서 종교학, 동국대에서 심리학을 차례대로 공부하며 학아재를 함께 가꾸고 꾸렸습니다. 스피노자의 『에티카』를 읽으며 참된 영성 곧 신을 마주하는 사람다운 삶을 성찰했습니다. 나와 너, 전체와 부분, 초월과 현실의 날카로운 양극단을 아우르는 지혜를 옛사람의 글에서 배우려 합니다.

이 책은 사유지를

키우는 데 이바지합니다. 사유지는 배우려는 사람이 연구하면서 일하는 대안회사며 대안대학원이고 대안연구소입니다. 사유지는 슬기를 사랑하는 이를 위한 카페며 서점이고, 스튜디오며 독서실이고, 도서관이며 서당이고, 서원이며 교회입니다. 이 책을 읽고 널리 퍼뜨리는 일은 사유지를 키우는 밑거름입니다.

스피노자의 에티카: 세계

초판 1쇄 발행 2025년 9월 29일

지은이 김명석
펴낸이 안미경
편집기획 클라라
디자인 안박스튜디오

펴낸곳 필로스
주소 서울시 광진구 능동로41길 17 401호
전화 010–2850 –2958
ISBN 979-11-983199-2-0(03100)

SNS @pilos.page
전자우편 pilos_books@naver.com

출판등록 제 2023-000027 호